Ayurvedische Kochkunst

Die Parkschlösschenküche

mit Eckhard Fischer

Ayurvedische Kochkunst

Die Parkschlösschenküche

mit Eckhard Fischer

Menü zum Sonntagsbuffet
Glacierte Feige auf Blätterteig
Salat von Papaya und Erdbeere
Mousse von Joghurt in der Maracuja
***
Italienische Antipasti
Bruschetta mit Kapern
Chicoréesalat
Artischockensalat
Gebackene Auberginenröllchen
Avocadosalat mit Grapefruit
Feine Spinattäschchen
Ausgebackener Rucola in Bierteig
Carpaccio vom Kohlrabi
Vegetarische Sushi
Paprika-Birnensalat
***
Kerbelwurzelcremesuppe
Spargelreissuppe
***

Inhalt

Liebe Gäste und Freunde des Ayurveda,

es war Ihre Begeisterung über die Küche unseres Parkschlösschens, Ihre rege Beteiligung an den Kochkursen in unserer Lehrküche und Ihr Wunsch nach Rezepten zum Mitnehmen und Nachkochen, die uns den Impuls zu diesem Buch gegeben haben. Es soll Ihnen Freude und Wohlbefinden schenken und ein Stück Erinnerung sein an Ihre Zeit bei uns. Jedes Rezept, jeder Tipp ist mit der gleichen Hingabe und Sorgfalt entstanden, mit der wir vor zwei Jahrzehnten das Parkschlösschen gefunden und für Sie gestaltet haben.

Unser Anspruch, das gesamte Anwesen nach den ganzheitlichen Lehren der vedischen Baubiologie auszubauen, dehnte damals die Bau- und Renovierungsphase auf über zwei Jahre aus, in denen wir jeden Teppich, jede Tapete, jede Türklinke in der Hand hielten, bevor wir sie auswählten. Jahre, die auch unser Leben prägten – längst sind wir alle hierher an die Mosel gezogen. Und Schritt für Schritt entstand mit dem Parkschlösschen nicht etwa ein Raum für den Ayurveda, sondern ein ayurvedischer Raum für den Menschen.

Von Anfang an war auch Kay-Uwe Brehm dabei, der als erfahrener Hoteldirektor wie kein anderer weiß, welche Herausforderung es zu bewältigen galt, um die ruhige Therapiewelt des Ayurveda mit der lauten Welt der Top-Hotellerie zu vermählen. Nur durch die starke Teamleistung aller unserer Mitarbeiter und ihre große Identifikation mit dem Parkschlösschen war und ist dies zu schaffen! Denn ein Kurhotel ist kein Hotel im üblichen Sinne, enger und auch inniger ist der Kontakt mit Ihnen, unseren Gästen, die Sie Ihre Zeit fast vollständig bei uns im Haus verbringen. Bei uns wird beraten, unterstützt und miteinander gelebt!

„Der Mensch ist, was er isst“, keine andere Gesundheitslehre wie der Ayurveda verdeutlicht besser dieses Sprichwort. Für das Wohlbefinden unserer Gäste liegt die Küche deshalb von Anfang an im Zentrum unserer Aufmerksamkeit. Über die Erfahrung des täglichen Essens im Parkschlösschen nimmt jeder den Geschmack des Ayurveda mit nach Hause und kann ihn dort in seiner eigenen Küche z. B. bei Linguine mit Pesto wiederfinden!

Viele von Ihnen sind zu treuen Stammgästen geworden und an dieser Stelle möchten wir uns für Ihr Vertrauen bedanken. Ihnen, und auch allen anderen, die sich selbst und ihre Sinne wieder spüren möchten, sei dieses Buch gewidmet.

Viel Spaß beim Kochen!

IHRE BRIGITTE PREUß & IHR KAY-UWE BREHM

Die Entstehung des Parkschlösschens

In einem stillen Seitental der Mosel, eingebettet zwischen uralten Weinbergen und dem historischen Städtchen Traben-Trarbach, empfängt seit über einem Jahrhundert das Parkschlösschen Bad Wildstein Erholungssuchende.

Seine Geschichte setzte um 1800 ein, mit der Entdeckung einer Thermalquelle, die heilkräftig und 35 °C warm aus dem Boden sprudelte. Die Erschließung begann 1883 mit dem Bau eines einfachen Badehauses, etwa 20 Jahre später entstand für die zunehmende Schar an Gästen ein Jugendstilschlösschen als Kurhaus.

Unruhige Zeiten in Europa beschieden auch dem Kur- und Badehaus eine wechselhafte Zeit des Aufstiegs und Verfalls, bis im Jahr 1990 die Unternehmerfamilie Preuß das leer stehende Anwesen mit ihrer Vorstellung erfüllte. Nach umfangreichen Renovierungs- und

Baumaßnahmen feierte das Parkschlösschen am 1. Februar 1993 seine Eröffnung als reines Ayurveda-Kurhotel und hat sich seitdem einen Namen für erstklassigen Ayurveda und ärztliche Kompetenz, vegetarische Gourmetküche und eine sehr persönliche und individuelle Betreuung gemacht, eine Leistung, die im Jahr 2002 mit einer 5-Sterne-Auszeichnung belohnt wurde. Die hohe Zahl an Stammgästen bestätigt das besondere Konzept.

Für die Gäste des Parkschlösschens ist das Kurhotel längst weit mehr als ein reiner Hort der Gesundheit. Über den ayurvedischen Kurbetrieb hinaus ist es ein Inbegriff für Ruhe und Entspannung geworden und ein Anziehungspunkt für all jene, die einen Rückzugsort suchen, eine kleine Auszeit brauchen oder einfach wieder bei sich selbst ankommen wollen.

Die ganze Ayurveda-Kompetenz zum Wohl des Gastes

Das Parkschlösschen-Team ist etwas ganz Besonderes. Jeder – ganz gleich ob Ayurveda-Therapeut, Arzt, Koch oder Empfangsdame – jeder ist mit den Grundsätzen des Ayurveda vertraut. Rund 100 Mitarbeiter kümmern sich mit Kompetenz und Fürsorge um die Gesundheit und das Wohlgefühl der Gäste – ein starkes Netzwerk, das seit 1993 für authentischen und medizinischen Ayurveda steht.

Hier wird jedem Gast die volle Aufmerksamkeit geschenkt, alles wirkt und macht das Ayurveda Parkschlösschen zu einem Rückzugsort für nachhaltig erfolgreiche Ayurveda-Kuren.

Der Ayurveda

Der Ayurveda ist die älteste überlieferte Heilkunde der Menschheit, die alten Sanskritwörter ayus (Leben) und veda (Wissen) verbinden sich in ihm zum Wissen vom Leben. Der Ort seines Entstehens liegt in einer der großen Wiegen der Zivilisation, der Induskultur mit den blühenden Stadtstaaten Harappa und Mohenjo Daro, von deren hohem Entwicklungsstand heute nur noch Ruinen zeugen. Der Legende nach hatten sich die Stadtbewohner der damaligen Zeit durch ihre Lebensweise so weit von ihrem natürlichen Ursprung entfernt, dass Krankheit und Unglück Einzug hielten. Auf der Suche nach Einsicht und Heilung begaben sich daraufhin die Rishis, die damaligen Weisen, in den Himalaya und brachten bei ihrer Rückkehr den Ayurveda mit.

Aus der Erkenntnis, dass der Mensch nur im Einklang mit sich selbst und der Natur im wahren Sinne heil sein kann, ist es für den Ayurveda ein wesentlicher Bestandteil der Lehre, das Gleichgewicht im Innen und Außen zu finden und zu bewahren. Nicht das Behandeln von Krankheit, sondern das Erhalten der Gesundheit ist dabei sein Ziel. Deshalb genießen das tägliche Essen und die Qualität der Ernährung einen besonders hohen Stellenwert. Ausgewogenes Essen hat einen unmittelbaren Einfluss auf das Wohlbefinden und auf die Gesundheit. Besonders bekömmlich ist Nahrung, die Herz, Geist und Körper stärkt; von natürlicher Reife, frisch, wohlriechend und ohne verlustreiche Lagerung oder Kühlung versorgt sie durch eine leichte und saubere Verbrennung im „Ofen“ des Körpers den Menschen mit allen Bausteinen des Lebens und führt zu Zufriedenheit auf allen Ebenen.

Was ein Mensch erlebt, was er sieht, hört und fühlt, ist ebenfalls Teil seiner Nahrung und wird auf der feinen seelisch-geistigen Ebene verdaut und eingeordnet. Unverarbeitete Ereignisse belasten mit der Zeit den gesamten Organismus, klare Erkenntnis dagegen ist die Grundlage von Ausgeglichenheit und Freude.

Auch wenn sein Ursprung in Indien liegt, die Erkenntnisse des Ayurveda beruhen auf exakter Naturbeobachtung und sind universal. Umfassend und systematisch beschreiben sie die komplexen kosmischen Gesetzmäßigkeiten von Raum, Zeit und Materie, die bis in den Makro- und Mikrokosmos hinein wirken. Auch das tägliche Leben des Menschen und seine Konstitution werden von den drei elementaren Kräften der Doshas bestimmt. Der Wind Vata bewegt sich frei und leicht, und entfaltet sich im Raum. Die Verbindung von Feuer und Wasser im Pitta transformiert alle Stoffe und schenkt Leben. Die Erde und das Wasser im Kapha geben Kraft und Beständigkeit und ermöglichen Wachstum.

Der Mensch lebt als offenes System im ständigen Austausch mit diesen Kräften und kann sie mittels seiner Sinne in den Elementen Raum, Luft, Feuer, Wasser und Erde und allen ihren Erscheinungsformen erspüren: Das Ohr hört den Klang im Raum, der Körper fühlt die Luft in der Bewegung, das Auge sieht durch das Licht des Feuers, die Zunge schmeckt das Wasser und die Nase riecht die Erde. Die Sinne sind das Tor zur körperlichen Wahrnehmung und zur geistigen Erkenntnis.

Allem Erkennbaren im Innen und Außen zugrunde liegt jedoch die Bewusstheit des Menschen mit ihren drei Hauptaspekten des Ich-Bewusstseins, der Aufmerksamkeit und der Unterscheidungsfähigkeit. Erst diese machen es möglich, das eigene Gleichgewicht zu finden und durch rechtes Handeln zu bewahren. Es ist die Stärke des Ayurveda, dass er in seinem Streben nach rechtem Maß und Ausgewogenheit nichts eingrenzt. Der Ayurveda erkennt die Welt, wie sie ist, und aus der Fülle dieser Wahrnehmung schenkt er Weisheit und Glück.

Der Ayurveda im Parkschlösschen: medizinisch, ganzheitlich, individuell

Seit über einem Vierteljahrhundert hält der Ayurveda seinen Siegeszug durch die westliche Welt und bereichert das Gesundheitswesen mit seiner ganzheitlichen Sichtweise. Seine wohltuenden und entspannenden Anwendungen haben ihn zum Bestandteil zahlreicher Wellnessangebote werden lassen. Gleichwohl, der Ayurveda ist nicht Teil, sondern ein Ganzes.

Dieser Komplexität auf allen Ebenen gerecht zu werden, war von Anbeginn der kompromisslose Anspruch im Ayurveda Parkschlösschen. Mit hoher Ambition und Verve ist es gelungen, die medizinische Kompetenz eines Ayurveda-Therapiezentrums mit der Exklusivität eines First-Class-Hotels zu verbinden. Geschützt vor den schädlichen Einflüssen einer naturentfremdeten Lebensweise können Menschen hier in ihr natürliches Gleichgewicht zurückgleiten.

Das gesamte Hotel samt Therapiezentrum ist ausschließlich auf den Ayurveda ausgerichtet, und dies in einer Art und Weise, die europaweit einzigartig ist. Die Struktur und Innenarchitektur des Baus, die Materialien, die Farben, die Formen und die Düfte folgen bis in jede Einzelheit den Erkenntnissen des Ayurveda: Das ganze Haus ist Therapie.

Das internationale Ärzteteam des Hauses stellt in seiner Vielfältigkeit eine der größten Stärken des Parkschlösschens dar. Mit Wurzeln im europäischen und asiatischen Kontinent und vertraut mit den hiesigen Lebensgewohnheiten, garantieren die Parkschlösschen-Ärzte durch ihre langjährige Praxiserfahrung sowohl in der westlichen Medizin als auch in der ayurvedischen Lehre die Erfüllung der hohen medizinischen Ansprüche des Hauses. Zum Wohle jedes Einzelnen setzen sie ihr Wissen in enger Zusammenarbeit mit hoch spezialisierten Ayurveda-Therapeuten und weiteren Fachabteilungen individuell und authentisch um.

Nahrung für den Geist und die Sinne findet sich im Parkschlösschen überall. Vorträge vermitteln fundamentales Wissen über den Ayurveda als Schlüssel zu mehr Selbstbeobachtung und Selbstverständnis. Den ganzen Tag gibt es überall frisch gekochtes, heißes Wasser, das dem Ayurveda als die wichtigste Nahrung gilt. In ihm wirkt Agni, das grundlegende schöpferische Prinzip des Feuers, und gleicht über die harmonische Verbindung von Wärme und Wasser viel des Ungleichgewichts wieder aus. Noch elementarer jedoch ist das Atmen, vor dem ersten Schluck kommt der erste Atemzug und nährt den Körper und vor allem das Gehirn mit Sauerstoff. Wer die kreislauffördernde Wirkung der Parkschlösschen-Treppen nutzt, wird in einem der oberen Stockwerke bald eine Tür entdecken, die sich zu den Pfaden in die Weinberge öffnet.

Die Küche des Parkschlösschens schlägt die Brücke zwischen einem hohen Gourmet-Anspruch und einer rein biologischen Kost, die streng unterscheidet zwischen Reinigungskost, Kurkost und Kost im Alltag. Um den Körper bei seiner Entgiftung maßgeblich zu unterstützen, wird im Parkschlösschen achtsam auf Alkohol und tierische Eiweiße einschließlich aller Milchprodukte verzichtet.

Nahrung ist Medizin im Ayurveda, aber nicht alles ist allein mit ihr zu heilen, dies widerspräche seinem allumfassenden Gedankengut. Gesundheit entsteht auch in der schöpferischen Arbeit, in Gedankenspielen und im Spiel des Miteinanders, sie ist eine immerwährende Suche nach der Wahrheit hinter der Wirklichkeit und ein Weg, der ein ganzes Leben dauert.

Der Dosha-Fragebogen

Die Rezepte in diesem Kochbuch sind Dosha-neutral und so für alle Menschen geeignet. Wer jedoch die Tipps bei den Rezepten anwenden möchte, sollte sein gegenwärtig bestimmendes Dosha kennen, unabhängig davon, ob dieses der Grundkonstitution entspricht oder tatsächlich erhöht, also im Ungleichgewicht, ist. Der folgende Fragebogen hilft bei der Bestimmung des Ist-Standes, eine endgültige Bewertung der Grundkonstitution sollte dem Ayurveda-Arzt überlassen sein.

In jedem der drei Testabschnitte erfassen die Fragen 1 bis 15 typische Anzeichen für das Dosha. Die letzten vier Fragen gehen auf Lebensgewohnheiten ein, die das jeweilige Dosha aktiv erhöhen, und so aus dem Gleichgewicht bringen.

Die Auswertung erfolgt pro Testabschnitt. Alle Fragen, die mit überwiegend *Ja* beantwortet sind, zählen einen Punkt, teilweise Zutreffendes erhält einen halben Punkt. Der Testabschnitt mit der höchsten Punktezahl zeigt das bestimmende Dosha an, das mithilfe der zugehörigen Tipps ausgeglichen werden sollte. Alle Tipps in den Rezepten wirken grundsätzlich senkend auf das angegebene Dosha und fördern damit die Rückkehr in das natürliche Gleichgewicht.

Ein besonderes Gewicht haben die letzten vier Fragen jedes Testabschnittes. Im Dosha mit der höchsten Punktezahl zeigen sie an, wo das eigene Verhalten maßgeblich zum Ungleichgewicht beiträgt. Jedes *Ja* bedeutet hier zusätzliches Störpotenzial, das durch Selbstbeobachtung und bewusste Lebensweise verändert und abgestellt werden sollte.

Testabschnitt 1 – Vata

1. Haben Sie oft Einschlafstörungen oder viele Wachphasen? ja ☐
2. Haben Sie häufig Spannungskopfschmerzen? ja ☐
3. Haben Sie unregelmäßigen, oft harten Stuhlgang oder Verstopfung? ja ☐
4. Neigen Sie zu Blähungen oder Blähbauch? ja ☒
5. Neigen Sie zu Gelenk-, Muskel- oder Sehnenschmerzen? ja ☒
6. Haben Sie manchmal Wadenkrämpfe oder nervöses Zittern? ja ☒
7. Frieren Sie leicht und bevorzugen warmes Klima? ja ☐
8. Neigen Sie zu trockener oder rauer Haut? ja ☐
9. Haben Sie eine graue oder dunkle Färbung auf der Zunge oder um die Augen? ja ☐
10. Verstärken sich Symptome früh morgens vor 6 Uhr oder nachmittags, bei kühlem windigen Wetter oder bei Zugluft? ja ☒
11. Neigen Sie zu Ängstlichkeit, vielen Gedanken oder Selbstzweifeln? ja ☐
12. Neigen Sie bei Belastung zu Hektik oder Chaos? ja ☒ 1/2
13. Fällt es Ihnen generell schwer, Entscheidungen zu treffen? ja ☐
14. Sind Sie vielseitig interessiert und nehmen gern neue Informationen auf? ja ☒
15. Fällt es Ihnen leicht, sich auf neue Informationen einzustellen? ja ☒
16. Sind Sie unregelmäßig in Ihren Essenszeiten oder -vorlieben? ja ☐
17. Arbeiten Sie regelmäßig bis in den späten Abend hinein? ja ☐
18. Schlafen Sie in der Regel zu wenig? ja ☐
19. Rauchen Sie? ja ☐

6 1/2

Der Dosha-Fragebogen

Testabschnitt 2 – Pitta

1.	Treten bei Ihnen brennende Empfindungen oder Schmerzen auf?	ja ☐
2.	Haben Sie öfter Sodbrennen?	ja ☒
3.	Schwitzen Sie leicht oder bemerken Sie Hitzeschübe?	ja ☒
4.	Leiden Sie unter saurem oder stechendem Körpergeruch?	ja ☐
5.	Haben Sie öfter einen bitteren oder scharfen Geschmack im Mund?	ja ☐
6.	Ist Ihre Zunge manchmal grünlich oder gelblich belegt?	ja ☒
7.	Sind Sie leicht ungeduldig, gereizt oder zornig?	ja ☐
8.	Werden Sie ärgerlich oder schlecht gelaunt, wenn die erwartete Mahlzeit ausfällt oder sich verzögert?	ja ☒
9.	Können Sie essen, was Sie wollen und vertragen Sie auch schweres Essen?	ja ☐
10.	Haben Sie täglich mehr als einen Stuhlgang?	ja ☐
11.	Fühlen Sie sich bei heißem Wetter unwohl, bevorzugen Sie kühleres Klima?	ja ☒
12.	Bevorzugen Sie kühlere Getränke und Speisen?	ja ☒
13.	Ist Ihr Haar eher dünn, seidig oder rötlich, frühzeitig ergraut oder ausfallend?	ja ☒
14.	Haben Sie einen starken Willen und gutes Organisationstalent?	ja ☒
15.	Können Sie von Natur aus rasch und präzise arbeiten?	ja ☒
16.	Bevorzugen Sie scharf gewürzte oder saure Speisen?	ja ☐
17.	Gehen Sie regelmäßig in die Sauna oder baden Sie sehr heiß?	ja ☐
18.	Stehen Sie häufig unter Termin- oder Konkurrenzdruck?	ja ☐
19.	Nehmen Sie täglich alkoholische Getränke zu sich?	ja ☐

8

Testabschnitt 3 – Kapha

1.	Leiden Sie an Schweregefühlen im Körper?	ja ☒
2.	Haben Sie oft wenig Appetit, besonders morgens?	ja ☐
3.	Fühlen Sie sich nach dem Essen regelmäßig müde?	ja ☒
4.	Ist Ihnen häufig übel?	ja ☐
5.	Fühlen Sie sich oft schwindelig oder dumpf?	ja ☐
6.	Sind Sie öfter müde, lethargisch oder antriebslos?	ja ☒
7.	Sind Sie öfter verschleimt in Nase, Rachen oder Bronchien?	ja ☐ 1/2
8.	Neigen Sie zu Erkältungen, Heuschnupfen oder Asthma?	ja ☐
9.	Fällt es Ihnen leicht, auf eine Mahlzeit zu verzichten?	ja ☐ 1/2
10.	Neigen Sie zu Gewichtszunahme?	ja ☒
11.	Ist Ihre Zunge eher weiß belegt?	ja ☒
12.	Neigen Sie zu fettiger Haut oder fettet Ihr Haar schnell?	ja ☐
13.	Schlafen Sie tief und bevorzugen mehr als 8 Stunden, um sich wohlzufühlen?	ja ☐
14.	Verfügen Sie über ein gutes Langzeit- und Detailgedächtnis?	ja ☒
15.	Kann Sie so leicht nichts aus der Ruhe bringen?	ja ☒
16.	Halten Sie regelmäßig einen Mittagsschlaf von mehr als 15 Minuten?	ja ☐ 1/2
17.	Essen Sie viel Süßigkeiten, Kekse, Brot oder Pasta?	ja ☒
18.	Fällt Ihre Hauptmahlzeit auf den Abend oder essen Sie spätabends?	ja ☒
19.	Haben Sie weniger als 15 Minuten rasche Bewegung täglich?	ja ☒

9 1/2

Die Doshas

Der Mensch, auch wenn sichtbar nicht verändert, ist doch keinen Augenblick der gleiche. In jeder Sekunde seines Seins werden Millionen von Zellen umgebaut und ausgetauscht, an die 100 Billionen Synapsen im Gehirn verarbeiten die über die Sinne hereinströmende Flut von Reizen und schicken über Botenstoffe ihre Rückmeldung an den Körper. Innerhalb von zehn Jahren erneuert sich der gesamte Körper einmal vollständig.

Dieses dynamische System aus Körper, Geist und Seele wird nach der Lehre des Ayurveda durch drei Kräfte oder Doshas gesteuert, die sich in einem fließenden Gleichgewicht zueinander befinden: dem luftigen Bewegungsprinzip Vata, dem feurigen Umwandlungsprinzip Pitta und dem erdigen Strukturprinzip Kapha. Die drei Doshas wirken in allen Zyklen des Werdens und Vergehens von Kosmos, Natur und Mensch und im gesamten Vollzug des Lebens mit der Kapha-Phase des Wachstums, der Pitta-Phase der Entwicklung und der Vata-Phase des Rückzugs.

Vata besteht aus den Elementen Luft und Raum und steuert beim Menschen alle Bewegungsabläufe des Körpers vom Muskelkorsett über das Skelettsystem bis hin zur atomaren Ebene der Zelle. Der Kreislauf, die Funktion des Nervensystems und der Ausscheidungsorgane unterliegen Vata genauso wie die Bewegung des Geistes in Form des Denkvorgangs und des kreativen Prozesses.

Pitta besteht aus den Elementen Feuer und Wasser und ist für die Verdauung und den Stoffwechsel des Organismus zuständig, seine lebensspendende Verbrennungskraft reguliert die Körpertemperatur. Es macht den Verstand wach und scharf und sorgt mit seiner transformatorischen Kraft dafür, dass Erfahrungen und Wahrnehmungen auch auf seelischer und geistiger Ebene verarbeitet werden.

Kapha besteht aus den Elementen Erde und Wasser und ist das Gerüst der Materie. Es gibt dem Körper seine Gestalt und Festigkeit, es nährt den Organismus und sorgt für Zusammenhalt auf der Zellebene. Auf geistiger Ebene drückt es sich durch ein gutes Gedächtnis aus und verleiht emotionale Stabilität und Beständigkeit.

Über diese grundsätzliche Körper-Geist-Ebene hinaus bestimmen die drei Doshas auch den Charakter und den Typus eines Menschen. Ein jeder wird mit seiner individuellen Grundkonstitution geboren, die die gesamte Persönlichkeit beeinflusst. Aus der Unterschiedlichkeit der Kräfteverteilung zwischen den drei Doshas ergibt sich die Vielgestaltigkeit der körperlichen Anlagen und der geistigen Temperamente, die ein Leben lang bestimmend sind.

Doch der Mensch existiert in einer sich wandelnden Umgebung und hat sich ständig neuen Anforderungen anzupassen. Die Jahreszeit, die Stunde, die Nahrung, das gesamte Umfeld wirken als veränderliche Kräfte auf den Menschen und damit auf die Doshas, die sich in einem fließenden Gleichgewicht zueinander befinden. Lebt der Mensch gemäß seiner natürlichen Veranlagung und Konstitution, streben die Doshas wieder in ihr ideales Gleichgewicht, das Prakriti, zurück. Gelingt dies, und sind Körper, Geist und Seele in Harmonie, ist der Mensch gesund. Gleiten die Doshas durch einen unzuträglichen Lebenswandel jedoch in ein Ungleichgewicht und in die dauerhafte Störung Vikriti, entsteht daraus Krankheit. Durch das Wissen vom Leben wird solch eine Störung erkannt und der Mensch mit einer ganzheitlichen ayurvedischen Therapie wieder in seinem Urzustand und seinem Prakriti verankert.

Vata: Der Typus

Der Körperbau von Vata-dominierten Menschen ist leicht und feingliedrig, die Statur ist meist schlank, das Abnehmen fällt leichter als das Zunehmen. Die Muskulatur ist wenig ausgeprägt, Knochen und Gelenke treten hervor. Die Haut ist eher trocken und rau mit gut sichtbaren Venen, ihre Tönung dunkel mit der Veranlagung zu Muttermalen und Leberflecken. Die Haare sind meist trocken, spröde und dünn. Hände und Füße sind meist kalt.

Die Lebensführung ist beweglich bis unregelmäßig, der Appetit wechselnd, die eher ungeregelte Verdauung neigt zur Verstopfung. Typisch ist auch ein hoher Bewegungsdrang mit einer Neigung zum Verausgaben. Der leichte Schlaf führt zu Schlafstörungen.

Der Vata-Mensch ist begeisterungsfähig, hat eine rasche Auffassungsgabe und ein gutes Kurzzeitgedächtnis. Er ist fantasiebegabt und kreativ, seine Entscheidungen fällt er spontan. Er ist sprachgewandt, hat aber auch eine Tendenz zu schnellem und übermäßigem Reden. Seine hohe geistige Beweglichkeit und Sensibilität machen ihn anpassungsfähig, aber auch unbeständig und ängstlich mit einer Neigung zu Sorgen und Kummer. Der ruhelose Geist kann leicht zu Überreiztheit, Hektik und Vergesslichkeit führen. Sein Wille ist nicht besonders ausgeprägt und leicht beeinflussbar.

Eine natürliche Abneigung hat der Vata-Mensch gegen kaltes, windiges Wetter und Zugluft und er besitzt eine hohe Berührungs- und Geräuschempfindlichkeit.

Von der Störung ins Gleichgewicht

Durch die vielseitigen Interessen und die leichte Schnelligkeit macht Vata gerne zwei Dinge auf einmal. Doch der wechselnde Fokus, die zahlreichen Sinneseindrücke und die ständige Veränderung führen in ein Ungleichgewicht. Ein fehlender Tagesrhythmus und zu viel Bewegung, auch durch Reisen, führen zu Zeitdruck, Stress und einem gestörten, also erhöhten Vata-Dosha.

Rohe und kalte Nahrung wie Rohkost und Salate erhöhen Vata und werden vom Organismus schlecht verwertet. Unreifes Obst und blähendes Gemüse sind eher unverträglich, ebenso Kaffee, schwarzer Tee, Zigaretten und kohlensäurehaltige Getränken. Scharfe Speisen regen zu sehr an und machen nervös.

Vata-Menschen brauchen drei Mahlzeiten täglich, insbesondere auch ein wärmendes Frühstück als Grundlage für den Tag. Speisen wie süßes Obst, Wurzeln und Gemüse kräftigen und nähren, Fleisch, Fisch, Weizen und Reis unterstützen die Gewichtszunahme. Etwas Ruhe nach jedem Essen tut gut und fördert die Aufnahme der Nährstoffe.

Zwischen seinen hochbewegten Phasen benötigt Vata unbedingt Regelmäßigkeit und Struktur, feste Zeiten für Essen, Aufstehen und Schlaf und genug Pausen zur Entspannung. Tiefes Atmen, Meditation, sanfte Musik, Blumen und schöne Düfte gleichen Vata aus, warme Bäder und Ölmassagen mit sanften, ausstreichenden Bewegungen beruhigen. Ein Spaziergang, anstelle von Joggen, bringt Ausgeglichenheit, bei kaltem, windigen Wetter schützt wärmende Kleidung vor zu viel Vata von außen.

PITTA: DER TYPUS

Der Körperbau von Pitta-dominierten Menschen ist mittelschwer mit geschmeidiger Muskulatur, die Statur ist schlank bis gedrungen und neigt im mittleren Lebensalter zur Gewichtszunahme. Die weiche Haut ist empfindlich, hell und neigt zu Irritationen und Unreinheiten, die Tönung ist eher rötlich mit Sommersprossen und Muttermalen. Das Haar ist fein, oft rötlich. Es besteht eine Neigung zu frühem Ergrauen und Haarausfall.

Ein starker Appetit führt dazu, dass der Pitta-Mensch Mahlzeiten nur schlecht ausfallen lassen kann, der Durst ist unregelmäßig. Die Verdauungs- und Stoffwechselfunktionen sind regelmäßig und gut, jedoch gibt es eine Tendenz zu starkem Schwitzen. Er braucht nur wenig Schlaf und ist rasch regeneriert.

Der Pitta-Mensch ist intelligent und scharfsinnig, analytisch und präzise. Er kann sich gut konzentrieren, hat eine hohe Auffassungsgabe und kann Erlerntes leicht und systematisch wiedergeben. Seine rhetorische Begabung macht ihn zum guten Redner. Unternehmungslustig und kühn, liebt er Herausforderungen und gehört zu den Führernaturen, geht dabei jedoch häufig etwas zu ehrgeizig und übermäßig kritisch zu Werke. Sein ausgeprägter Wille macht ihn durchaus dominant, seine Ungeduld macht seine Reaktionen leicht gereizt bis hitzig, gelegentlich wirkt er angeberisch. Er ist schnell eifersüchtig und wird dann verletzend.

Eine natürliche Abneigung hat der Pitta-Mensch gegen zu viel Hitze, Helligkeit und gespannte Atmosphäre. Auf Nahrungsgifte und Drogen wie Kaffee, Alkohol und Nikotin reagiert er empfindlich, auch wenn er sie schätzt.

Von der Störung ins Gleichgewicht

Pitta ist mutig und hat die Antriebskraft für große Herausforderungen, aber es ärgert sich über Begrenzungen und leidet unter seinem – durchaus selbsterwählten – Übermaß an organisatorischen Aufgaben und ständiger geistiger und körperlicher Beanspruchung. Durch zu viel Hitze, ob Sonne oder Sauna, und aggressive Musik entsteht Ungleichgewicht.

Heiße, scharfe Speisen mit vielen Säuren schaden dem Pitta-Typ und bringen ihn aus dem Gleichgewicht. Gemüse wie Rettich, Radieschen, rohe Zwiebeln und Knoblauch, alter Käse und Salz, Alkohol, Tabak, schwarzer Tee und Kaffee heizen Pitta an.

Pitta-Menschen brauchen für ihren Start in den Tag viel Energie und sollten nicht ohne Frühstück aus dem Haus gehen. Durch ihr gutes Verdauungsfeuer können sie fast alles essen und verstoffwechseln, auch schwere, fette Nahrung und Rohkost. Besonders ausgleichend wirken süße, zusammenziehende und bittere Nahrungsmittel wie Spargel, Fenchel und Kartoffeln. Süße Nachspeisen in Maßen sind erlaubt. Auch wenn Pitta ein schweres Abendessen verträgt, ideal sind leichte Speisen, damit der Körper im Schlaf genug Energie für den nächsten Tag speichern kann, statt diese im Verdauungsprozess zu verheizen.

Ein Spaziergang im milden Mondlicht oder Schwimmen im kühlen Wasser gleichen erhitzte Gemüter aus, rhythmische Massagen mit kühlen Ölen, insbesondere auch der Füße, holen das erregte Pitta wieder auf den Boden. Ausdauersportarten, etwas Mäßigung bei der Arbeit und gelegentlich Ruhe und Freizeit halten das Pitta-Dosha im Gleichgewicht.

Kapha: Der Typus

Der Körperbau des Kapha-dominierten Menschen ist kräftig, schwer und stabil, das Zunehmen fällt ihm leichter als das Abnehmen. Die Muskulatur ist gut entwickelt, die Gelenke sind stark, die Venen liegen tief. Die Haut ist fest und glatt, der Teint hell. Das Haar ist kräftig, häufig wellig und dunkel und eher fettig, die Nagelsubstanz ist stark.

Sein regelmäßiger Appetit wird von einer eher trägen Verdauung begleitet, die Schweißabsonderung ist mäßig. Seine natürliche Widerstandskraft sorgt für ein stabiles Immunsystem.

Der Kapha-Mensch hat eine langsame Auffassungsgabe und ein sehr gutes Langzeitgedächtnis, sein sprachlicher Ausdruck ist klar, jedoch eher langsam. Er ist geduldig, besitzt Standfestigkeit und Ausdauer. Das Wesen ist heiter und sanft, tolerant und ausgleichend. Sein ruhiges Temperament lässt ihn selten aus der Fassung geraten, doch kann diese entspannte Grundhaltung auch zu Teilnahmslosigkeit bis hin zur Lethargie führen. Er braucht Gemütlichkeit und eine harmonische Atmosphäre, genießt gern und schläft lang und tief. Er ist erdverbunden und zuverlässig, doch fällt es ihm oft schwer, Dinge und Menschen auch wieder loszulassen; er ist dann klammernd und besitzergreifend.

Eine natürliche Abneigung hat der Kapha-Mensch gegen nasskaltes Wetter und zu viele Veränderungen.

Von der Störung ins Gleichgewicht

Kapha hat die Kraft, die Häuser zusammenhält, doch seine Neigung zum Festhalten und Sammeln füllt die Räume nicht nur aus, sondern kann sie auch verschlacken. Gleichmäßigkeit und Harmonie machen Kapha träge und langsam, viel Schlaf und das gelegentliche Nickerchen tagsüber lassen seine Kraft in Antriebslosigkeit versickern.

Schwere, kalte Speisen mit viel Fett, Süßspeisen und Milchprodukte mehren Kapha, unzuträglich sind zu viel Säure und Salz. Zwischenmahlzeiten belasten nur unnötig.

Kapha-Menschen sollten, wenn überhaupt, sehr leicht frühstücken, damit sie ihren Organismus morgens nicht belasten. Mittags und vor allem abends ist weniger mehr, dann fängt der nächste Tag frisch und energiegeladen an. Leichte, zusammenziehende und bittere Nahrungsmittel wie Radieschen und Paprika gleichen Kapha aus. Wenig Öl, scharfe Gewürze und viel Gemüse, am besten warm, belasten nicht und unterstützen bei Bedarf auch eine Reduzierung des Körpergewichts.

Frühes Aufstehen und reichlich körperliche und geistige Aktivität regen das Kapha wohltuend an, abwechslungsreiche Unternehmungen als Ausgleich zur Routine beflügeln das Vorangehen. Besonders wichtig ist mindestens eine halbe Stunde Bewegung täglich, jedoch weniger Krafttraining als Radfahren oder flottes Gehen. Saunabäder unterstützen die notwendige, regelmäßige Entschlackung. Für die eher fettige Kapha-Haut sind Trockenmassagen mit Seidenhandschuhen ideal.

Eckhard Fischer – Ein Koch aus Leidenschaft

Eckhard Fischer ist Chefkoch im Parkschlösschen und seine Leidenschaft gilt der ayurvedischen Küche. Charismatisch begeistert er die Gäste des Hauses durch seine Gerichte, aber auch durch seine versierten Vorträge, seine Ernährungsberatung und die gemeinschaftlichen Koch-Exkursionen in der Lehrküche.

Seine natürliche Begabung zum Kochen und das Wissen um die rechte Zubereitung eines Essens waren intuitiv. Bereits von früher Jugend an bereitete er komplexe Mahlzeiten zu, außerhalb der Küche bestimmte die Musik sein Leben. Trotz dieser eindeutigen kreativen Begabungen entschied er sich für den bodenständigen Beruf des Kaufmanns, in dem er 15 Jahre lang tätig war.

Im Jahr 1983 führte die Suche nach Veränderung zu seiner vollständigen Umorientierung. Er zog sich in ein holländisches Kloster zurück, das nicht nur ein Hort der Meditation, sondern auch eine der ersten Ausbildungsstätten in Europa für den indischen Ayurveda war. Angezogen vom ganzheitlichen Ansatz dieser Gesundheitslehre studierte er die Veden und ließ sich von indischen Fachärzten zum Ayurveda-Therapeuten ausbilden.

Die schlichte Kost der Klosterküche veranlasste ihn zur Selbstversorgung, nebenbei eignete er sich autodidaktisch das notwendige Wissen zur Führung einer Großküche an und übernahm schließlich auf Bitten der Klosterleitung als verantwortlicher Koch die hochwertige Verpflegung der großen internationalen Gästeschar.

Diese neue Laufbahn führte ihn nach Indien, mitten in die ayurvedische Küche, und von dort als Küchenchef in eines der ersten Ayurveda-Zentren Deutschlands, wo er die Notwendigkeit einer Entschlackungskost zügig zum echten Genuss revolutionierte. Seit er Anfang der 1990er-Jahre in die Küche des Parkschlösschens berufen wurde, hat er die ayurvedische Kurkost zu einer herausragenden Gourmetküche verfeinert.

Die Ernährung im Ayurveda

Aus der Sicht des Ayurveda ist jede Nahrung zugleich auch Medizin. Die richtige Ernährung spendet Lebenskraft, nährt Körper und Geist und bringt den Menschen im Falle einer Störung oder einer Krankheit wieder zurück ins Gleichgewicht. Dies gehört im Ayurveda zu den Grundlagen für ein langes Leben in Gesundheit.

In den Veden steht geschrieben, dass eine Mahlzeit ein schmackhaftes Aussehen, einen guten Geruch haben und, ob gekocht oder ungekocht, sich angenehm anfühlen soll. Auch die Ohren nehmen teil am Knacken eines frischen Apfels, am knusprigen Ton eines reschen Brotes! Gutes Essen ist Nahrung für alle Sinne, die als Tore zu Geist und Seele den Mensch auf allen Ebenen nähren und so zu Glück und Zufriedenheit führen.

Doch was dem einen wohl tut, mag für einen anderen durchaus unverträglich sein. Deshalb sucht der Ayurveda keine allgemein gültige Formel und schaut nicht auf die einzelnen Bestandteile wie Vitalstoffe, Eiweiße, Kohlenhydrate und Fette. Er lehrt vielmehr, dass die Ernährung auf die individuelle Dosha-Konstitution eines Menschen abgestimmt sein soll. Eine besondere Rolle kommt deshalb den sechs Geschmacksrichtungen, den Rasas, zu. Sie wirken unmittelbar auf das Gleichgewicht der drei Doshas, Vata, Pitta und Kapha. Die Geschmacksrichtungen bitter, scharf und herb erhöhen Vata, scharf und sauer regen Pitta an, süß, sauer und salzig regen Kapha an. Ein ausgewogenes und zufriedenstellendes Mahl enthält deshalb alle Rasas. Ist dies der Fall und sind die Zutaten frisch und jahreszeitgemäß, sind damit gleichzeitig alle wichtigen Grundbaustoffe für den Körper enthalten.

Für eine gesunde Ernährung ist auch die Reihenfolge zu beachten. Ein süßer Nachtisch am Ende einer Mahlzeit belastet den Körper unnötig. Eine süße Vorspeise wiederum gibt dem Körper durch die süße Schwere des Kapha ein Signal, das Verdauungsfeuer Agni anzuheizen. Insgesamt erstrebenswert ist ein hoher Anteil sattvischer Nahrungsmittel wie süße, reife Früchte oder Reis, die einen hohen Anteil an Nährstoffen und Lebensenergie Prana enthalten. Aus ihnen gewinnt der Körper täglich und mit jeder Nahrungsaufnahme die Lebensenergie Ojas, die den Körper bis in seine feinsten Verästelungen erhält und das Wohlbefinden und die Gesundheit stärkt.

Wenig ansprechendes oder falsches Essen und ein schwaches Verdauungsfeuer erzeugen durch die mangelhafte Verdauung Ama, also Schlacken und Gifte, die den Körper belasten und krank machen. Hiervon zu unterscheiden ist die zulässige Lust des Menschen sich mit kleinen Mengen Genussmittel wie einer Tasse Kaffee oder einem Glas Wein zu stimulieren, um Kreativität und Vitalität zu erhöhen. Rituale beim Genuss schützen vor Missbrauch und helfen das rechte Maß zu bewahren. Nicht das Verbot, sondern das Maßhalten ist das Wesen des Ayurveda.

Fast alle Nahrungsmittel, einzeln betrachtet oder ungünstig kombiniert, greifen in das hochsensible offene Kräfteverhältnis des Körpers ein. Abhilfe findet sich in der Gegenmittellehre: Die Natur hält für jedes Nahrungsmittel ein Gegenmittel bereit, das ein erhöhtes Dosha wieder bricht, es also von der Störung in den ausgewogenen Urzustand versetzt. Diese Erkenntnis setzt Eckhard Fischer täglich in seiner Küche um, die auch Mittelpunkt eines ungewöhnlichen Mitarbeiterkonzepts ist. Nicht die feste Rezeptur, sondern die ayurvedische Gegenmittellehre ist die Grundlage seines Kochens. Innerhalb dieses Rahmens haben seine Köche freie Hand und bringen ihre Individualität und ihre spezifische Wahrnehmung ein. Das macht aus jedem Kochvorgang einen kreativen Prozess. Ein und dasselbe Gericht schmeckt von jedem Koch anders, doch immer schmeckt es gut.

Die lebendige Tradition der natürlich gewachsenen, bodenständigen Landküchen hat die Gesetzmäßigkeiten des Ayurveda intuitiv erkannt und richtig umgesetzt. Nach Eckhard Fischer lässt sich die ayurvedische Ernährungslehre von jedem Menschen und auf jede Landesküche anwenden. Nicht Curry, Ingwer und Kardamom machen den Ayurveda aus, sondern der ausgeglichene Zustand aller Doshas, Prakriti genannt. Die traditionelle deutsche Weihnachtsgans mit Rotkohl und Klößen oder die italienische Pizza wirken auf die Doshas neutral und sind deshalb auch im Sinne des Ayurveda eine gute Kost. Auf dem Boden dieser Erkenntnis hat Eckhard Fischer die einfach geprägte ayurvedische Kurkost für die Bedürfnisse der westlichen Welt weiterentwickelt. Er hat alle europäischen Lebensmittel, Kräuter und Gewürze nach der ayurvedischen Lehre definiert und geordnet und daraus eine schmackhafte saisonale und mediterrane Küche kreiert.

Lange bevor er in die Küche geht, entsteht ein Gericht in seinem Kopf als Komposition aus purer Farbe und Form. Erst wenn dieses Bild vollendet ist, übersetzt Eckhard Fischer seine Farbtöne in Nahrungsmittel und ihre Form in eine Zubereitungstechnik. Dann macht er sich ans Werk, komponiert die Töne des Gemüses von sattem Grün, Purpur und Orange, von zartem Gelb und herbem Braun, erspürt den Herzschlag aller Doshas und setzt, wo nötig, Kontrapunkte mit Gewürzen und Gegenmitteln. Mit entspannter Konzentration, fast beiläufig, verbindet sich unter seinen Händen alles zu einem großen Ganzen und fügt sich zu jener Kost, die den Körper frisch, rein und lebendig hält.

Diese Schönheit eines Mahls und der ästhetische Anblick des formvollendet hergerichteten Tellers machen, jenseits des reinen Hungers, Lust auf Essen. Eine Lust, die wesentlich ist für das Verdauungsfeuer Agni, das die Nahrung verstoffwechselt und deren Erfüllung den Sinnen Zufriedenheit und dem Körper Gesundheit schenkt. Auf eine optimale Verdauung nimmt auch die richtige

Mahl-Zeit erheblichen Einfluss. Im Tagesrhythmus der Doshas überwiegt morgens das aufbauende Kapha, mittags das transformatorische Pitta und ab Nachmittag das bewegliche Vata. Über Nacht erholen sich die Doshas in der gleichen Reihenfolge und sollten nicht mit schwerer Verdauungsarbeit belastet werden: Am bekömmlichsten ist ein frühes und leichtes Abendessen. Die tägliche Hauptmahlzeit liegt am besten in der Pitta-dominierten Tageszeit um Mittag oder, wie bei der späten Esskultur der Mittelmeerländer, gegen Mitternacht, dann jedoch fällt das Frühstück am nächsten Morgen besser aus, damit der in der Nachtruhe ausgesetzte Verdauungsprozess des späten Mahls nun vollständig abgeschlossen werden kann.

Naturgemäß nutzt der Mensch diese zweite nächtliche Pitta-Phase heilsam im Schlaf zum seelischen Verarbeiten der Tagesereignisse. Nur wer vollständig verdaut hat – körperlich und geistig – ist mit sich selbst im Reinen. Im Ayurveda nennt man dies den Zustand der Glückseligkeit, für Koch und Philosoph Eckhard Fischer ist es schlicht das reine Sein.

Nahrungsmittel, Kräuter und Gewürze im Ayurveda

Essen ohne Reue – ein Prinzip, auf das im Ayurveda sehr viel Wert gelegt wird – aber was genau heißt das eigentlich?

In erster Linie: keine Verbote. Sie können alles essen, was Ihrem Körper und Geist zuträglich ist. Wichtig ist, Ihren individuellen Konstitutionstyp zu beachten: Nervöse, bewegliche **Vata-Typen** sollten auf regelmäßiges Essen achten – bevorzugt warme, süße Speisen genießen. Der dynamische **Pitta-Typ** hat im Allgemeinen eine gute Verdauung und kann reichlich und ebenfalls regelmäßig essen: Etwas Vorsicht bei zu scharfen Speisen ist geboten. Der ruhige, zu Übergewicht neigende **Kapha-Typ** sollte zwischen den Mahlzeiten ausreichende Pausen einlegen – sonst überlastet er sein Verdauungssystem. Scharfe, gut gekochte Speisen bringen den trägen Kapha-Typ auf Trab.

Diese Übersicht dient Ihnen als Wegweiser durch die Vielzahl uns bekannter Nahrungsmittel, Kräuter und Gewürze.

Vata

Element: Raum und Luft
Eigenschaften: leicht, kühl, beweglich, rau, trocken, klar, fein, bitter, scharf, herb
Senkende Eigenschaften: süß, sauer, salzig, schwer, ölig, warm

Vata-reduzierende Gewürze:
Ingwer (frisch), Senfkörner, Kardamom, Zimt, Kreuzkümmel (Cumin), Kümmel, Muskat, Piment, Kristallsalz, schwarzer Pfeffer (in kleinen Mengen), Asant (Hing), Anis, roher Knoblauch, Pippali (indischer Langpfeffer), Wacholder, Vanille

Vata-reduzierende Kräuter:
Oregano, Estragon, Basilikum, Rosmarin, Thymian, Majoran, Petersilie, Kresse, Liebstöckel, Salbei, Bohnenkraut

Vata-reduzierende Tees:
Vata, Anis, Salbei, Hagebutte, Limone, Malve, Süßholz

Vata-reduzierende Gemüsesorten:
Rübchen, Rote Bete, Karotten, Zucchini, Gurken, Süßkartoffeln, Kürbis, schwarze Oliven, Knollensellerie, Pastinake, Petersilienwurzel, gekochte Zwiebel, gekochte Schwarzwurzel

Vata-reduzierende Obstsorten:
Alle reifen, süßen und saftigen Früchte: Bananen, Mangos, Melonen, Ananas, Pflaumen, süße Beeren, süße Kirschen, Feigen, Trauben, süße Orangen, Datteln, Kiwis, Limonen, Grapefruits, Zitronen, Rhabarber, Papayas

Vata-reduzierende Hülsenfrüchte:
Kichererbsen, Kidney Bohnen, Saubohnen

Vata-reduzierende Getreide:
Reis (besonders Basmati oder Vollkorn), Nudeln, Grünkern, Weizen, Dinkel, Einkorn, Quinoa, Couscous, Bulgur, gekochter Hafer, Kamut

Vata-reduzierende Öle & Fette:
Olivenöl, Sesamöl, Kokosöl, Sonnenblumenöl, Walnussöl

Vata-reduzierende Süßmittel:
Rohrohrzucker, Melasse, Fruchtsüße, z.B. Agavendicksaft, Palmzucker, Sharkarazucker, Ahornsirup

Vata-reduzierende Nüsse & Samen:
Alle Nüsse und Samen (Ausnahme: Mohnsamen)

Vata-reduzierende tierische Produkte:
- Möglichst nicht homogenisierte Milchprodukte, besonders kurz aufgekochte Milch, Käse aller Arten, Sahne, Lassi und frischer Joghurt, Ghee, Butter, Buttermilch, Ziegenmilch
- Alle Meeresfische und Meeresfrüchte (Garnelen, Hummer, Muscheln)
- Rindfleisch, Kalbsfleisch, Ente, Gans
- Eier in Verbindung mit Fetten

Vata-anregende Gewürze & Kräuter:
Chili, scharfe Paprika, gekochter Knoblauch, alle rohen Lauchgewächse, Cayenne, Mohnsamen

Vata-anregende Tees & Getränke:
Kaffee und schwarzer Tee, grüner Tee, Brennnessel, Brombeer, Gerste

Pitta

Element: Feuer
Eigenschaften: leicht, heiß, leicht ölig, scharf, flüssig, beweglich und sauer
Senkende Eigenschaften: süß, bitter, zusammenziehend

Pitta-reduzierende Gewürze:
Koriander, Gelbwurz, Vanille, Mohnsamen, Curryblätter, Nelken, Süßholz, Knoblauch gekocht

Pitta-reduzierende Kräuter:
Kresse, Kamille, Melisse

Pitta-reduzierende Tees:
Pitta, Kamille, Holunderblüten, Malve, Hibiskus, Brennnessel, Süßholz, Hopfen, Melisse, Schafgarbe

Pitta-reduzierende Gemüsesorten:
Überwiegend süße und bittere Gemüsesorten: Spargel, Gurken, Zucchini, Kohl, Rosenkohl, Blumenkohl, Kartoffeln, Keimlinge, grüne Blattgemüse und Salate, Artischocken, Chicorée, Pilze, Kürbis, Brokkoli

Pitta-reduzierende Obstsorten:
Süße Früchte: süße Melonen, Feigen, Birnen, süße Trauben, Rosinen, Äpfel, Datteln, Aprikosen, Quitten, Brombeeren, Mandarinen, Pfirsiche

Pitta-reduzierende Hülsenfrüchte:
Kidney Bohnen, Linsen (gelb, rot), Mungdal, Pintobohnen, Bohnen (grün, rot, weiß), Erbsen

Pitta-reduzierende Getreide:
Basmatireis, Weizen, gekochter Hafer, Dinkel, Urkorn, Amaranth, Couscous

Pitta-reduzierende Öle & Fette:
Olivenöl, Sonnenblumenöl, Ghee, Kokosöl, Sojaöl

Pitta-reduzierende Süßmittel:
Palmzucker, Ahornsirup, Rohrohrzucker, Sharkarazucker, Fruchtsüße, z.B. Birnendicksaft

Pitta-reduzierende Nüsse & Samen:
Kokosnuss, Sonnenblumen- und Kürbissamen

Pitta-reduzierende tierische Produkte:
- möglichst nicht homogenisierte Milch, süßes Lassi, Sahne, Hüttenkäse, Frischkäse, Butter
- Meeresfrüchte und Flussfische in Maßen
- wenig und moderat: Kaninchen, Truthahn, Pute

Pitta-anregende Gewürze & Kräuter:
Pfeffer in größeren Mengen, Chili, Anis, Kümmel, Selleriesamen (Ajwan), Bockshornkleesamen, Senfkörner, Asant (Hing), Piment, größere Mengen Ingwer, roher Knoblauch, Wacholder, Basilikum, Muskat, Lorbeerblätter, Rosmarin, Estragon, Bohnenkraut, Zimt

Pitta-anregende Tees & Getränke:
Anis, Kümmel, Salbei, Thymian, Basilikum, Ysop, Ginseng, Hagebutte, schwarzer Tee, Bohnenkaffee

Kapha

Element: Wasser und Erde
Eigenschaften: schwer, kalt, ölig, flüssig, klebrig, fest, weich, süß, sauer, salzig
Senkende Eigenschaften: scharf, bitter, zusammenziehend, trocken, heiß, leicht

Kapha-reduzierende Gewürze:
Besonders scharfe und bittere Gewürze: Wacholder, Ingwer, schwarzer Pfeffer, Gelbwurz, Nelken, Kardamom, Zimt, Kreuzkümmel (Cumin), Basilikum, Chili, Cayenne, Pippali (indischer Langpfeffer), Muskat, Asant (Hing)

Kapha-reduzierende Kräuter:
Basilikum, Bohnenkraut, Curryblätter, Majoran, Oregano, Petersilie, Rosmarin, Salbei, Estragon, Thymian, Löwenzahn

Kapha-reduzierende Tees:
Kapha, Salbei, Holunder, Eisenkraut, Kamille, Eukalyptus, Apfel, Hibiskus, Brombeer, Himbeer

Kapha-reduzierende Gemüsesorten:
Überwiegend Blattgemüse sowie scharfe und bittere Gemüse: Spinat, alle Kohlsorten, Chicorée, Pilze, Keimlinge, Möhren, Rote Bete, Stangensellerie, Aubergine, Radieschen, Petersilienwurzel, Blattsalate, Paprika, Spargel, Rüben, Artischocke, Rettich

Kapha-reduzierende Obstsorten:
Äpfel, Birnen, Granatäpfel, Beerenobst, Kirschen, Aprikosen, Pfirsiche, Kakis, Quitten, Dörr- und Trockenobst, Zitronen

Kapha-reduzierende Hülsenfrüchte:
Erbsen, Kichererbsen, Linsen, grüne Bohnen, Pintobohnen, weiße Bohnen, Buchweizen

Kapha-reduzierende Getreide:
Gerste, Hirse, Buchweizen, Mais, Roggen, Hafer

Kapha-reduzierende Öle & Fette:
Nur in kleinen Mengen: Ghee, Senföl

Kapha-reduzierende Süßmittel:
Honig, Dicksäfte und Fruchtsüßen in kleinen Mengen

Kapha-verträgliche Nüsse & Samen:
Kürbis-, Sesam- und Sonnenblumensamen

Kapha-verträgliche tierische Produkte:
- Gewürzte Lassis, Ziegenmilch, Ghee
- Meeresfrüchte, Garnelen, Hummer
- Wildfleisch (alle Sorten)

Kapha-anregende Gewürze & Kräuter:
Salz, Tamarinde, Mohnsamen, Vanille, Essig, Süßholz, Lauch gekocht

Kapha-anregende Tees & Getränke:
Limone, Süßholz, Eibisch, Hafer, Kokosmilch, Traubensaft, Kuhmilch, Kakao mit Milch und Zucker, Bier, Rotwein

Der Mensch ist, was er isst!

Kochen zelebriert das Leben! Denn aus reiner, frischer Nahrung entsteht jeden Tag neu der Körper, der Tempel unseres Geistes.

Tipp

Ein Dosha-Ungleichgewicht oder körperliche Beschwerden können durch den individuellen Einsatz bestimmter Gewürze, Kräuter und Nahrungsmittel ausgeglichen werden – die Dosha-Tipps mögen hierzu ein Leitfaden sein.

Die Ayurveda-Rezepte

Desserts
Suppen
Antipasti und Salate
Pasta und Reis
Hauptgerichte
Menüs
Klassiker

Desserts

So läuft das Wasser im Munde zusammen!
Der Auftakt ist süß und ein idealer Einstieg für ein Mahl, denn für diese Geschmacksrichtung benötigt der Körper die meisten Verdauungsenzyme.

Apfeltarte

Zutaten
(für 4 Personen)

1 Rolle	Blätterteig aus dem Kühlregal (alternativ selbst herstellen)
3	Äpfel (Rubinette)
1 EL	Butter
1 EL	Semmelbrösel
1 EL	Rohrohrzucker
1/4 TL	Kardamomsamen, gemahlen
2 EL	Aprikosenmarmelade
2 EL	Pinienkerne, gehackt
100 ml	Sahne
1 Msp.	Vanillepulver
1 TL	Puderzucker

Den Blätterteig auf eine gemehlte Fläche legen, eine flache Kuchenform (Tarteform) verkehrt herum auf den Teig legen und unter Zugabe von 2 Zentimetern den Teig rund um die Form mit einem Messer ausschneiden. Die Form ausbuttern, mit den Bröseln auskleiden und den Teig hineinlegen. Mit einer Gabel wahllos einstechen.

Die Äpfel schälen und in dünne Spalten schneiden, schön auf dem Teig verteilen.

Mit Zucker und Kardamom bestäuben und im unteren Drittel des Backofens bei 220 °C 20 Minuten backen.

Die Marmelade mit wenig Wasser erwärmen, glatt rühren und auf die fertig gebackene, abgekühlte Tarte streichen. Sofort die Pinienkerne darüberstreuen.

Anrichten Die Sahne mit Puderzucker und Vanille aufschlagen und zum Kuchen reichen.

Tipp

Für Vata und Pitta ist das Gericht gut verträglich, Kapha bereitet die Apfeltarte bitte ohne Sahne zu.

Creme von Passionsfrucht und Joghurt

Zutaten
(für 4 Personen)

- 800 g Joghurt (3,5 %)
- 4–6 Passionsfrüchte
- 5 EL Puderzucker
- 4 schöne reife Beeren

Den Joghurt in ein sauberes Leinentuch geben und über Nacht bei Zimmertemperatur über einer Schüssel abtropfen lassen (siehe Grundrezept für abgehangenen Joghurt).

Die Passionsfrüchte halbieren, mit einem Löffel auskratzen, das Fruchtfleisch durch ein Sieb streichen und mit Joghurt und Zucker zu einer glatten Creme rühren. In einen Spritzbeutel füllen und für eine Stunde in den Kühlschrank legen.

Anrichten Kurz vor dem Servieren in ein schönes Glas spritzen und mit einer Beere garnieren.

Tipp
Für Vata und Kapha ist das Gericht gut verträglich, Pitta verwendet etwas mehr Zucker.

Pistaziengriess mit Kumquat-Dattel-Ragout

Zutaten
(für 4 Personen)

40 g	Weizengrieß
3 EL	Pistazien, fein gehackt
300 ml	Milch
3 EL	Rohrohrzucker
1 EL	Butter
200 ml	Orangensaft
1/2	kleine Zimtstange
1 Msp.	Chilipulver
1 Msp.	Piment, gemahlen
5	grüne Kardamomkapseln
8	Datteln
12–16	Kumquats
	eventuell
1 TL	Speisestärke
1 Zweig	Basilikum

Milch mit 1 EL des Zuckers und der Butter aufkochen, Grieß und die Hälfte der Pistazien einrühren und ausquellen lassen.

Mit wenig Wasser den Restzucker hell karamellisieren, mit Orangensaft ablöschen. Zimtstange, Chili, Piment und Kardamom dazugeben, aufkochen und um die Hälfte reduzieren lassen.

Die Datteln halbieren, entsteinen. Die Kumquats ebenfalls halbieren und entkernen. Die halbierten Kumquats für 3 Minuten in der Orangenflüssigkeit köcheln lassen, danach die Datteln beigeben. Die Basilikumblätter fein schneiden und dazugeben. Falls nötig mit etwas Stärke binden.

Ein Stück Frischhaltefolie auf die Arbeitsfläche legen, mit dem abgekühlten Grieß daumendick bestreichen und die restlichen Pistazien gleichmäßig darauf verteilen. Obenauf ein weiteres Stück Folie geben und wenden, die untere Folie abziehen und den Grieß zu einer Rolle drehen.

Anrichten 30 Minuten kühl stellen, aus der Folie nehmen, schräg aufschneiden und auf einem Teller mit dem Ragout und einigen Blättchen Basilikum anrichten.

Tipp
Für Vata und Pitta gut verträglich.
Kapha nimmt nur eine kleine Portion.

Quittenspalten an Minzereis

Zutaten
(für 4 Personen)

2	mittelgroße Quitten
2 EL	Rohrohrzucker
500 ml	Quittensaft
1/2	Zimtstange
1/2	Vanilleschote
1	Sternanis
1/4 TL	Safranpulver
2 EL	Berberitzen, getrocknet
1 EL	Tapiokamehl
50 g	Basmatireis
4–5	Zweige Minze
2 EL	Minzesirup
50 g	Kokospulver
1 EL	Akazienhonig

Die Quitten schälen und halbieren. Kerngehäuse mit einem Kugelausstecher entfernen. Die Quitten in Spalten schneiden. Zucker mit etwas Wasser hell karamellisieren lassen, mit Saft ablöschen. Zimt, Vanille, Sternanis, Safran, Berberitzen und Quitten hinzufügen und alles zusammen aufkochen. Das Tapiokamehl mit wenig Wasser anrühren und nach 3 Minuten unterrühren. Im Topf auskühlen lassen.

Den Reis mehrmals gut waschen. Minze zupfen, einige Blätter zum Anrichten beiseitelegen, die restlichen Blätter fein hacken. 300 ml Wasser mit Sirup und Kokospulver aufkochen, Reis mit der Hälfte der Minze dazugeben, bei kleiner Flamme 30 Minuten garen. Aus dem Topf in eine kühle Schüssel füllen. Sobald der Reis abgekühlt ist, den Honig und die restlichen Blättchen vorsichtig unter den Reis ziehen.

Anrichten Mit dem Eisportionierer eine Nocke auf dem Teller anrichten und mit der Minze garnieren. Das Kompott daneben verteilen.

Tipp
Für Pitta und Kapha verträglich, Vata sollte etwas mehr Reis und weniger Quitten nehmen.

Salat von Pitahaya, Erdbeere und Mango auf Kiwicarpaccio

Zutaten
(für 4 Personen)

1	große Mango
1	rote Pitahaya
8–10	große Erdbeeren
4	große Kiwis
1	unbehandelte Limone
200 ml	klarer Apfelsaft
1 TL	Rosenwasser
1	Vanilleschote
1/2 TL	Ingwer, frisch gerieben

Die Limonenschale abreiben, Schale zur Seite stellen, Limone halbieren und in den Apfelsaft pressen. Saft mit Rosenwasser, aufgeschlitzter Vanille und Ingwer etwa 10 Minuten kochen. Vom Herd nehmen und etwas abkühlen lassen.

Die Früchte, außer den Kiwis, in gleich große Würfel schneiden. Vorsichtig miteinander vermischen und mit dem warmen Sud übergießen. Kiwis schälen und mit einem scharfen Messer in feine Scheiben schneiden.

Anrichten Auf Tellern ein Kiwicarpaccio legen und darauf den Fruchtsalat anrichten. Mit der abgeriebenen Schale der Limone bestreuen.

Tipp
Für Kapha und Vata ist dieser Salat gut verträglich, Pitta sollte etwas Zitronensaft dazu geben.

Glasierte Feigen auf Ananas

Zutaten
(für 4 Personen)

1/2	Ananas
6	reife feste schwarze Feigen
200 ml	Ananassaft
1 Msp.	Safranpulver
3 EL	Rohrohrzucker
1	Sternanis
1	Vanilleschote
1/4	Zimtstange
Saft	von 1 Limone
1	kleines Stück frischer Ingwer, gerieben
1 EL	alter süßer roter Balsamicoessig

Die Ananas schälen und mit einer Aufschnittmaschine in dünne Scheiben schneiden. Ananassaft mit Safran und 1 EL des Zuckers, Sternanis, aufgeschlitzter Vanilleschote und Zimt aufkochen und etwas reduzieren lassen. Danach die Ananasscheiben mit dem Saft übergießen.

Die Feigen vierteln. In einer Pfanne 2 EL Wasser, Limonensaft, Ingwer und Essig mit dem Restzucker aufkochen und reduzieren lassen. Die Feigen hineingeben, kurz schwenken und in der Marinade abkühlen lassen.

Anrichten Ananas aus der Flüssigkeit heben, auf Küchenkrepp abtropfen lassen. Auf einem Teller anrichten und die Feigen aufsetzen.

Tipp
Für Vata und Pitta gut verträglich,
Kapha sollte einen Hauch Chili verwenden.

Beeren-Tartelettes

Zutaten
(für 8 Tartelettes)

1	Ei
60 g	Butter
60 g	Zucker
125 g	Mehl (Type 505)
1/4	Päckchen Backpulver
2 EL	Aprikosenmarmelade
6 EL	abgehangener Joghurt (siehe Grundrezept)
	Beeren nach Verfügbarkeit
8	Schiffchenformen (im Fachhandel erhältlich)
1 EL	Butter
4 EL	kleine getrocknete Erbsen oder Blindbackerbsen

Aus Ei, Butter, Zucker, Mehl und Backpulver einen geschmeidigen Teig kneten. Mindestens 1 Stunde im Kühlschrank ruhen lassen.

Die Schiffchenformen oder auch runde Formen ausbuttern, den Teig ausrollen und in die Förmchen bringen. Zum Blindbacken die Erbsen darin verteilen und bei 200 °C für 10 Minuten backen. Herausnehmen, Erbsen entfernen und auskühlen lassen. Jetzt die Aprikosenmarmelade mit etwas Wasser in einem kleinen Topf erhitzen, damit die Tartelettes ausstreichen und erkalten lassen.

Anrichten Den Joghurt in den Tartelettes verteilen und mit Beeren garnieren.

Tipp

Für Vata und Pitta sind die Beeren-Tartelettes gut verträglich, Kapha gibt weniger Joghurt dazu.

Pochierte Birne an Zimtsahne

Zutaten
(für 4 Personen)

2	große Birnen (Abate)
2 EL	Rohrohrzucker
750 ml	klarer Birnensaft
1/2	Stange Zimt
4	grüne Kardamomkapseln, ganz
2	Nelken
1/2 TL	Kurkuma
100 ml	Sahne
1 TL	Puderzucker
1/4 TL	Zimt, gemahlen
1 EL	dunkle Schokoflocken

In ein wenig Wasser den Zucker hell karamellisieren lassen und mit dem Birnensaft ablöschen. Zimt, Kardamom, Nelken und Kurkuma dazugeben und aufkochen.

Die Birnen schälen, halbieren und entkernen. In die kochende Flüssigkeit geben, diese mit einem sauberen Tuch bedecken und noch 5 Minuten kochen lassen. In dem Sud abkühlen lassen. Herausnehmen, abtropfen lassen. In Fächer aufschneiden und auf einem Teller anrichten.

Anrichten Sahne mit Zucker und gemahlenem Zimt steif schlagen und an die Birne setzen, mit Schokoflocken bestreuen.

Info Der Sinn des Tuches ist es, die Birnen komplett in der Flüssigkeit zu halten. Nur mit dem Deckel funktioniert es nicht!

Tipp
Pitta und Kapha vertragen das Gericht sehr gut, Vata darf mehr Sahne verwenden.

Tamarillo im Traubensud

Zutaten
(für 4 Personen)

- 4 Tamarillos (Baumtomaten)
- 1 l roter Traubensaft
- 1 große unbehandelte Orange
- 3 EL Rohrohrzucker
- 1/2 Zimtstange
- 1 Sternanis
- 2 EL Rosinen
- 2 EL Tapiokaperlen

Die Orangenschale abreiben und zur Seite stellen, die Frucht in Scheiben schneiden. Traubensaft mit Zucker, Zimt, Sternanis, Rosinen und Orangenscheiben zum Kochen bringen. In die kochende Flüssigkeit die Tapiokaperlen einstreuen und so lange kochen, bis sie glasig werden.

Die Tamarillo am Stielansatz rundum einritzen und in kochendem Wasser 3 Minuten blanchieren. Kalt abschrecken, die Haut vorsichtig abziehen und die Frucht in eine Schüssel legen. Den fertigen Sud warm darübergießen, die Orangenschale unterheben und die Früchte in der Marinade abkühlen lassen.

Anrichten In einem kleinen tiefen Teller auf einer Orangenscheibe anrichten und etwas Traubensud angießen.

Tipp
Für Vata und Kapha gut verträglich,
Pitta sollte etwas geschlagene Sahne dazugeben.

Süsses Sushi an Ingwer-Honig-Dressing

Zutaten
(für 4 Personen)

150 g	Nishikireis
2	Noriblätter (gepresste Algen)
250 ml	Orangensaft
1 Msp.	Safranpulver
250 ml	Ananassaft
300 ml	Kirschsaft
1	Scheibe Ananas (3 mm dick)
1	große Scheibe Mango (3 mm dick)
3	große aromatische Erdbeeren
1	grüne Kiwi
2 EL	japanischer Ingwer rosé, eingelegt
2 EL	Orangenblütenhonig
4 EL	Joghurt
2 EL	Sesam, geschält
2 EL	feine Mohnsamen

Die Reismenge dritteln. Ein Drittel in Orangensaft mit Safran aufkochen und auf kleiner Flamme 30 Minuten ausquellen lassen. Ein weiteres Drittel in Ananassaft, das letzte Drittel im Kirschsaft ebenso garen. Den fertigen Reis auskühlen lassen. Alle Früchte in Streifen schneiden (ca. 3 mm dick).

Die beiden Noriblätter auf ein angefeuchtetes Küchentuch legen. Mit feuchten Händen den Orangenreis jeweils dünn darauf verteilen, das obere Viertel frei lassen. Erdbeer- und Kiwistreifen nebeneinander im unteren Bereich verteilen und die Blätter vom unteren Rand aus zu einer Rolle formen.

Ananasreis mit klein gehackten Mangostreifen mischen und zu kleinen Kugeln formen. Kirschreis mit Ananas mischen, zu kleinen Würfeln formen. Sushi für mindestens 3 Stunden kalt stellen. Den eingelegten Ingwer ausdrücken und sehr fein hacken, mit Honig und Joghurt sehr gut verrühren.

Die Sushirolle mit einem sehr scharfen, angefeuchteten Messer in 2,5 cm große Stücke schneiden, Ananas-Sushi im Mohn rollen, Kirsch-Sushi im Sesam.

Anrichten Auf einem Teller anrichten und mit dem Dressing nappieren.

Tipp

Vata und Pitta vertragen das süße Sushi sehr gut, Kapha verwendet mehr Ingwer.

Suppen

Doch als die Suppe kam herein, gleich fing er wieder an zu schrei'n : „Ich esse meine Suppe! Ja! Ich esse meine Suppe wohl! Ja, meine Suppe ess' ich gern!"

Spargel-Kokos-Suppe

Zutaten
(für 4 Personen)

1 kg	weißer Spargel
1	großer Apfel
1	mittelgroße Zwiebel
1	Zitrone
1 TL	Salz
1 TL	Zucker
2	kleine Karotten
1	rote Paprika
1	mittelgroße Zucchini
50 g	Zuckererbsen
200 ml	Orangensaft
150 g	Kokospulver
2 EL	Estragon, gefriergetrocknet
1 EL	vegetarische Brühe, gekörnt
50 g	Basmatireis
	etwas frischer Estragon zum Garnieren

Spargel schälen und in kleine Stückchen schneiden. Endstücke sowie die Spargelschalen mit dem halbierten Apfel, der geschälten Zwiebel, der geteilten Zitrone, dem Salz und dem Zucker in 3 l Wasser aufkochen, 20 Minuten ziehen lassen.

Karotten schälen, in Scheibchen schneiden. Paprika schälen, mit Zucchini und Zuckererbsen in kleine Stücke schneiden. 1,25 l Spargelfond in einen Topf absieben und alle anderen Zutaten dazugeben. 30 Minuten kochen lassen.

Anrichten In einem tiefen Teller anrichten, zum Garnieren mit etwas frischem Estragon überstreuen.

Tipp

Für Vata und Pitta ist die Suppe sehr gut verträglich, Kapha gibt etwas Chili dazu.

Bananensuppe

Zutaten
(für 4 Personen)

5	reife Bananen
3	Knoblauchzehen
2 EL	Butterfett (Ghee)
1/4 TL	Cuminsamen
1/4 TL	Anissamen
1/4 TL	schwarzer Pfeffer, gemahlen
1 EL	schwarze Senfsamen
1	kleine, scharfe, grüne, Chilischote
1 TL	Koriander, gemahlen
1,25 l	Gemüsebrühe
100 g	Kokospulver
Saft	von 1/2 Zitrone
1	Zweig Dill

4 oder 5 Bananen schälen und klein schneiden. Knoblauch schälen und mit dem Messerrücken platt drücken. Fett in einem Topf erhitzen und darin Gewürze, Bananen, Chili und Knoblauch kurz anbraten.

Mit Gemüsebrühe auffüllen und zum Kochen bringen. Jetzt das Kokospulver hineinrühren und die Suppe 45 Minuten bei kleiner Flamme köcheln lassen. Pürieren und mit Zitrone abschmecken.

Anrichten In die Teller je ein Stück halbierte Banane legen und die Suppe vorsichtig angießen. Mit einem Stück Dillzweig dekorieren.

Tipp
Die Bananensuppe ist für Vata und Pitta gut verträglich,
Kapha sollte sie schärfer essen und etwas mehr Chili dazugeben.

Steckrübensuppe

Zutaten
(für 4 Personen)

400 g	Steckrüben
1	mittelgroße Karotte
1	kleine Petersilienwurzel
1	große Kartoffel
1	rote Paprika
1	mittelgroße Schalotte
1	großer Apfel
2 EL	Erdnussöl
1/2 TL	Anissamen
1/2 TL	Fenchelsamen
1/2 TL	Kümmelsamen
1 TL	Koriander, gemahlen
1/4 TL	schwarzer Pfeffer, gemahlen
1/4 TL	Chilipulver
1	Zweig Rosmarin
3	Zweige Thymian
1/2 TL	Kurkuma
4	Wacholderbeeren
4	schwarze Kardamomkapseln
1 EL	weißer Balsamicoessig
1/2 TL	Zucker
3 EL	Sojasauce
300 ml	klarer Apfelsaft
1 EL	Sonnenblumenkerne
1	kleines Bund Koriandergrün

Das Gemüse und den Apfel putzen und in verschiedene kleine Stücke schneiden, z. B. Rauten, Würfel, Scheibchen usw. Das Öl in einem mittelgroßen Topf erhitzen, darin die Gewürze und die Paprika anschwitzen. Das restliche geschnittene Gemüse und den Apfel dazugeben und nochmals kurz anschwitzen lassen.

Jetzt mit Apfelsaft und etwa 1 l Wasser auffüllen und die restlichen Zutaten, bis auf das Koriandergrün, hinzufügen. Die Suppe 40 Minuten köcheln lassen.

Anrichten Die Suppe in eine Suppentasse gießen und geschnittenes Korianderkraut darüberstreuen.

Tipp
Für Pitta und Kapha gut verträglich,
Vata verwendet mehr Essig und mehr Sojasauce.

ANTIPASTI & SALATE

Unwiderstehlich frisch und am besten aus der Region oder dem eigenen Garten, da steckt Lebenskraft für den Körper drin!

Kichererbsensalat

Zutaten
(für 4 Personen)

100 g	Kichererbsen
1	kleine Karotte
1	kleine Petersilienwurzel
1	kleine rote Paprika
1	mittelgroße Schalotte
3 EL	Erdnussöl
1/4 TL	Fenchelsamen
1/2 TL	Koriander, gemahlen
1/4 TL	Anissamen
1/2	kleine Zimtstange
1	Nelke
3	Pimentkörner, ganz
2	Wacholderbeeren
1	Lorbeerblatt
1	kleine scharfe grüne Chili
100 ml	Apfelsaft
1/2 TL	Kurkuma
1 EL	Sultaninen
2 EL	weißer Balsamicoessig
1 TL	Ursalz
1 EL	Rohrohrzucker
1 TL	Majoran, gefriergetrocknet
1	Zweig Thymian
1/2	kleine Salatgurke
1	mittelgroßer Apfel
1 EL	Sonnenblumenkerne
1	kl. Bund Koriandergrün
Saft	von 1 Zitrone

Die Kichererbsen in reichlich Wasser über Nacht einweichen.

Karotte, Petersilienwurzel und Paprika putzen und in verschiedenartige kleine Stücke schneiden. Die Schalotte fein würfeln. In einem Topf 2 EL des Öls erhitzen und darin folgende Zutaten leicht anbraten: Fenchel, Anis, Zimt, Nelke, Piment, Wacholder, Lorbeer, Schalotte, Chili, Paprika, Karotte und Petersilienwurzel. Mit 750 ml Wasser aufgießen, Apfelsaft, Kurkuma, Essig, Salz und Zucker dazugeben, alles aufkochen lassen. In die kochende Flüssigkeit die Kichererbsen sowie Majoran und Thymian geben; 2 Stunden leicht kochen, anschließend vom Herd nehmen und auskühlen lassen (am besten über Nacht).

Die Gurke schälen, längs halbieren, entkernen und in kleine Würfel schneiden. Den Apfel waschen und in kleine Würfel schneiden. Das restliche Öl in der Pfanne erhitzen, darin Sonnenblumenkerne, Gurke und Apfel leicht anbraten und etwas salzen.

Die Kichererbsen mit wenig Flüssigkeit aus dem Topf in eine Schüssel geben. Sonnenblumenkerne, Gurke und Apfel dazugeben. Das Koriandergrün mit einer Schere grob schneiden und dazugeben. Alles vermengen und noch einmal 30 Minuten durchziehen lassen. Mit dem Saft der Zitrone abschmecken.

Anrichten In einer Schale Ihrer Wahl den Salat schön häufeln, mit einem Thymianzweig dekorieren.

Tipp
Der Kichererbsensalat ist für Kapha und Pitta sehr zu empfehlen, Vata bitte etwas mehr Salz verwenden.

Rettich-Radieschen-Salat mit Kräuterseitlingen

Zutaten
(für 4 Personen)

1	kleiner schwarzer Rettich
1	Bund Radieschen
4–6	Kräuterseitlinge
1 EL	Sonnenblumenkerne
1/4 TL	Anissamen
1 TL	braune Senfsamen
1 TL	Olivenöl
2 EL	Sojanaise (Mayonnaise)
Saft	von 1 Zitrone
1 TL	Ursalz
2 TL	Rohrohrzucker
1	kleine Schalotte
5 EL	Butter
1/2 TL	schwarzer Pfeffer, gemahlen
1 TL	trockener Riesling
2 TL	Sojasauce
1	Schale Gartenkresse

Sonnenblumenkerne zusammen mit Anis und Senf im Öl hell anbraten. Sojanaise mit Zitronensaft, Anis, Senf und Sonnenblumenkernen sowie Salz und Zucker verrühren.

Radieschen putzen und in feine Scheibchen schneiden. Den Rettich schälen, erst in Scheiben schneiden, dann in feine Streifen. Mit der Salatsauce vermengen.

Die Pilze der Länge nach in dünne Scheiben schneiden. Die Schalotte fein würfeln. Die Pilze nach und nach in einer großen Pfanne anbraten. Dafür jeweils 1 EL Butter in der Pfanne schmelzen, die Pilze von jeder Seite 2 Minuten braten und mit etwas Pfeffer überstreuen. Sind alle Pilze gebraten, die Schalotte in die Pfanne geben, kurz anbraten und die Pilze wieder dazugeben, mit Riesling und Sojasauce ablöschen, bis die Flüssigkeit eingekocht ist.

Anrichten Die Pilze als Fächer auf einen Teller legen, den Salat als Nocke ansetzen und mit Kresse garnieren.

Tipp
Für Kapha und Vata ist dieser Salat sehr gut verträglich, Pitta sollte etwas Weißbrot dazunehmen.

Spargel-Kirschtomaten-Salat

Zutaten
(für 4 Personen)

8	Stangen weißer Spargel
8	Stangen grüner Spargel
16	kleine Kirschtomaten
1	große Zitrone
1	kleine Zwiebel
2 EL	Rohrohrzucker
1 EL	Ursalz
1 EL	Weißweinessig
1 TL	Orangensaft
1/4 TL	schwarzer Pfeffer, gemahlen
3–4	Zweige Estragon
1	mittelgroße Birne
1	kleine mittelscharfe rote Chilischote
1 EL	Olivenöl
1 EL	Pinienkerne
4	Stangen grüner Spargel zum Garnieren

Den weißen Spargel geschält, den grünen Spargel ungeschält in mundgerechte schräge Stücke schneiden. Mit einer halben Zitrone, der geschälten Zwiebel, der Hälfte des Zuckers und des Salzes in 500 ml kochendem Wasser in 7 Minuten bissfest garen. Mit dem Schaumlöffel herausnehmen und kurz mit kaltem Wasser abschrecken. In einem Sieb abtropfen lassen.

Die Kirschtomaten mit einem scharfen Messer einritzen, Stielansatz entfernen und in dem Spargelwasser kurz blanchieren, in kaltem Wasser abschrecken und die Haut entfernen.

Aus Essig, dem Saft der verbliebenen halben Zitrone, Orangensaft, Pfeffer, Salz, Zucker und etwas Spargelwasser eine Vinaigrette rühren. Den Estragon zupfen und in die Sauce geben. Die Birne schälen, kleine Würfel schneiden, Chili halbieren, entkernen und in feine Streifen schneiden.

Die Kirschtomaten vorsichtig halbieren. Öl in einer Pfanne erhitzen, darin Pinienkerne, Chili und Birnenstückchen kurz anbraten, ganz kurz die Tomaten mit anschwenken und alles in die Vinaigrette geben. Nun den Spargel dazugeben und etwa 30 Minuten marinieren lassen.

Anrichten In einer Schale oder einem tiefen Teller anrichten, einen ganzen grünen Spargel als Garnitur anlegen.

Tipp

Dieses Gericht ist für Vata und Kapha gut verträglich, Pitta beträufelt den Salat zusätzlich mit etwas Olivenöl.

Karotten-Zucchini-Salat

Zutaten
(für 4 Personen)

2	große Karotten
2	große Zucchini
2	große Orangen
1/4 TL	schwarzer Pfeffer, gemahlen
1/2 TL	Koriander, gemahlen
1–2 EL	weißer Balsamicoessig
1 EL	Rohrohrzucker
500 ml	Gemüsefond
4	Zweige glatte Petersilie
1 EL	Olivenöl

Karotten schälen, danach mit dem Sparschäler der Länge nach in Streifen aufschneiden, sodass breite lange Karottennudeln entstehen. Zucchini waschen und dann ebenso aufschneiden. Orangen filetieren, den Saft in einer großen Schale auffangen, Pfeffer, Koriander, Essig und Zucker dazugeben.

Gemüsefond im Topf zum Kochen bringen und darin zuerst die Zucchini für 1 Minute blanchieren, herausnehmen und auf einen Teller legen. Jetzt die Karotten für 2 Minuten blanchieren und danach auf einen Teller legen.

200 ml von dem Brühwasser zu dem Orangensud geben und daraus eine herzhafte Salatsauce rühren. Die Petersilie grob hacken, mit dem Gemüse in der Marinade vorsichtig vermengen und Olivenöl darübergeben.

Anrichten Salat auf einem Teller anrichten und mit den Orangenfilets garnieren.

Tipp

Die Kombination ist für Vata sehr gut verträglich.
Pitta gibt 1 TL Olivenöl dazu, Kapha gleicht mit etwas mehr Pfeffer aus.

Avocadosalat

Zutaten
(für 4 Personen)

- 2 feste reife Avocados (wenn möglich der Sorte „Hass")
- 1 rosa Grapefruit
- 2 EL weißer Balsamicoessig
- 1 EL Rohrohrzucker
- 1 TL Ursalz
- 1 EL mittelscharfer Senf
- 1 TL Chiliflocken
- 2 Zweige Dill
- 1 rote Paprika
- 1 EL Pistazienkerne
- 1 EL Pinienkerne
- 1 EL Kürbiskernöl

Die Grapefruit über einer Schüssel schälen und filetieren, dabei den Saft auffangen. Aus dem Saft, Essig, Zucker, Salz, Senf, Chili und klein gehacktem Dill eine sehr kräftige Vinaigrette rühren.

Die Paprika mit einem Sparschäler schälen und in kleine Würfel schneiden. Mit den Pistazien- und Pinienkernen zusammen im Öl leicht anbraten und in die Salatsauce geben.

Die Avocados halbieren, Kern entfernen und das Fruchtfleisch vorsichtig mit einem Esslöffel aus der Schale heben und diese zur Seite stellen. In möglichst kleine akkurate Würfel schneiden und in die Marinade geben. Die Grapefruitfilets eventuell halbieren und ganz vorsichtig unter die Avocados heben.

Anrichten Den Salat etwa 30 Minuten ruhen lassen, dann entweder in der ausgehöhlten Avocadoschale oder einem tiefen Teller servieren.

Tipp

Von dem Avocadosalat sollte Kapha eine kleinere Portion verzehren oder mit etwas mehr Chili würzen. Für Pitta und Vata ist er sehr gut verträglich.

Asiatischer Gemüsesalat auf Gurkencarpaccio

Zutaten
(für 4 Personen)

1	Salatgurke
1/4 TL	Ursalz
1	kleine Karotte
1	Stange Staudensellerie
6	Minimais
10	Kaiserschoten
6	Stangen grüner Spargel
3	Scheiben frische Ananas
1 TL	Austernsauce
2 EL	Sojasauce
1 EL	süßsaure Chilisauce
1 TL	frischer Ingwersaft
1/2 TL	Koriander, gemahlen
100 ml	Ananassaft
1 TL	Akazienhonig
1	kleiner Bund Koriandergrün
100 g	Sojasprossen
1 EL	Gomasio

Die Gurke in sehr feine Scheiben schneiden und als Carpaccio auf einen Teller legen, mit wenig Ursalz salzen.

Eine Marinade aus Austernsauce, Sojasauce, Chilisauce, Ingwersaft, gemahlenem Koriander, Ananassaft und Honig herstellen. Gemüse putzen, in feine Streifen schneiden. Die Ananas schälen und ebenfalls in feine Streifen schneiden. Das Gemüse zusammen mit den Sojasprossen unter die Salatsoße heben und 5 Minuten ziehen lassen.

Anrichten Auf dem Gurkencarpaccio als Häufchen anrichten. Mit Blattkoriander garnieren und mit Gomasio überstreuen.

Tipp
Für Vata und Pitta sehr gut verträglich, Kapha sollte noch etwas schärfer würzen.

Carpaccio vom Kohlrabi

Zutaten
(für 4 Personen)

3	mittelgroße helle Kohlrabi
1	Lorbeerblatt
3	Wacholderbeeren
1	kleine Zwiebel
1 Msp.	Muskatnuss, gerieben
1/4 TL	Kümmelsamen
1	kleiner Sternanis
1 EL	Ursalz
1 EL	Rohrohrzucker
2 EL	Weißweinessig
1 TL	Kurkuma
1/2	rote Paprika
1/2	Apfel
1 EL	Olivenöl
10	Kaiserschoten
1 EL	goldgelbe Leinsamen
1/2 TL	Majoran, gefriergetrocknet
1 TL	mittelscharfer Senf
2 EL	weißer Balsamicoessig
1/2 TL	Salz
1/4 TL	schwarzer Pfeffer, gemahlen
100 ml	Apfelsaft

Die Kohlrabis so schälen, dass sie gleich groß sind. Mit Lorbeerblatt, Wacholderbeeren, Zwiebel, Muskat, Kümmelsamen, Sternanis, Ursalz, Rohrohrzucker, Weißweinessig und Kurkuma in 1,5 l Wasser aufkochen und etwa 15 Minuten simmern lassen. In der Flüssigkeit abkühlen lassen (am besten über Nacht).

Paprika und Apfel schälen, klein würfeln und im Öl leicht anbraten. Die Kaiserschoten in feine Streifen schneiden. Aus allen Zutaten eine Salatsauce rühren. Die Kohlrabis in hauchdünne Scheiben schneiden.

Anrichten Kohlrabi auf einem Teller als Carpaccio arrangieren und mit der Sauce nappieren.

Tipp
Kapha und Pitta vertragen das Carpaccio sehr gut. Vata gibt etwas mehr Essig an die Sauce und verzehrt das Gericht mit einem Stück Brot.

Kleiner italienischer Vorspeisenteller

Zutaten
(für 4 Personen)

Marinierte Paprikafilets

- 2 rote Paprika
- 4 Knoblauchzehen
- 1 kleine rote Chili
- 2 EL Olivenöl
- 1 Zweig Rosmarin
- 1 Lorbeerblatt
- 1 TL Rohrohrzucker
- 1/2 TL Ursalz
- 1 EL alter roter Balsamicoessig

Gebackene Champignonköpfe

- 4 mittelgroße Champignons
- 1 EL Ursalz
- 1 Msp. schwarzer Pfeffer, gemahlen
- 1 EL Butter
- 1 EL Olivenöl
- 1 Prise Anissamen
- 4–6 Blatt Rucola
- 50 g milder Ziegenfrischkäse

Marinierte Paprikafilets

Paprika aufschneiden, entkernen und schälen. In gleich große Filets schneiden. Knoblauch schälen und mit dem Messerblatt platt drücken. Die Chilischote längs halbieren. Öl in einer Pfanne heiß werden lassen, alle Zutaten, außer Essig, hineingeben, 2- bis 3-mal durchmischen und mit dem Essig ablöschen. In einer Schüssel abkühlen lassen.

Gebackene Champignonköpfe mit Rucola-Käse-Füllung

Die Stiele aus den Pilzen drehen, die Pilzköpfe leicht salzen und pfeffern. Butter mit Öl in einer Pfanne mittelheiß werden lassen und die Pilze mit dem Anis sanft von beiden Seiten ca. 5 Minuten braten. Herausnehmen und abkühlen lassen. Rucola fein hacken, mit Käse und etwas Pfeffer zu einer homogenen Masse vermengen, in die Pilzköpfe füllen und bei 250 °C Oberhitze für 3–4 Minuten backen.

Tipp

Für Vata und Pitta sind die Vorspeisen recht ausgewogen, Kapha sollte immer etwas mehr Pfeffer verwenden.

Datteln in Zucchini

1	mittelgroße Zucchini
4	frische Datteln
1 EL	Olivenöl
1 TL	Rauchsalz
1 EL	Rotwein
1 TL	alter roter Balsamicoessig
1 Msp.	schwarzer Pfeffer, gemahlen
4	kleine Holzspieße

Frittierter Chicorée

1	Chicorée
3 EL	Kichererbsenmehl
1	Ei
1 TL	Orangensaft
1/2 TL	Koriander, gemahlen
1 TL	Ursalz
1 Msp.	Chilipulver
1 TL	Wasser
	Butterfett (Ghee) zum Frittieren

Datteln in Zucchini

Die Zucchini der Länge nach in dünne Scheiben schneiden. In einer Pfanne Öl erhitzen und die Zucchini von beiden Seiten kurz anbraten, dabei mit Rauchsalz bestäuben. Aus der Pfanne auf Küchenkrepp legen. Die Datteln entsteinen und in einer Pfanne mit Rotwein, Essig und etwas Pfeffer kurz blanchieren. Die Datteln nun in eine Zucchinischeibe rollen und mit einem Spieß fixieren.

Frittierter Chicorée

Den Chicorée putzen und vierteln. Aus den anderen Zutaten einen dicklichen Teig rühren und etwa 20 Minuten ausquellen lassen. In einem kleinen Topf so viel Butterfett heiß werden lassen, dass der Chicorée darin schwimmend ausgebacken werden kann. Den Chicorée durch den Teig ziehen und hell ausbacken. Auf Küchenkrepp abtropfen lassen.

Anrichten Jeweils ein bis zwei Teile zusammen auf einem großen Teller anrichten.

Pasta & Reis

Gutes Essen ist eine Freude für Augen und Herz – genießen Sie es.

Artischocken an schwarzen Spaghetti

Zutaten
(für 4 Personen)

12	Miniartischocken
2 TL	Ursalz
1	Zitrone
1/2 TL	schwarze Pfefferkörner
2	Lorbeerblätter
1	kleine Zwiebel
3	große Tomaten
2	Knoblauchzehen
1	Zweig Rosmarin
3–4	Zweige Estragon
3 EL	Olivenöl
1/2 TL	Anissamen
1/2 TL	Kümmelsamen
1/2 TL	schwarzer Pfeffer, gemahlen
1 TL	Ursalz
2 EL	Kapern, in Öl
1 TL	Rohrohrzucker
1 TL	alter roter Balsamicoessig
500 g	schwarze Spaghetti
1 TL	Ursalz
2 l	Gemüsebrühe

Den Stiel der Artischocken etwas kürzen, die äußeren harten Blätter entfernen. Mit einem Sägemesser das obere Drittel der Artischocken abschneiden. Artischocken in 1,5 l Wasser mit Salz, Zitrone, Lorbeerblättern und Zwiebel 20 Minuten kochen, herausnehmen, abkühlen lassen und halbieren, gegebenenfalls vierteln.

Die Tomaten einritzen und im kochenden Wasser blanchieren, kalt abschrecken, häuten und in kleine Würfel schneiden. Knoblauch sehr fein schneiden, Kräuter zupfen. Öl in einer Pfanne erhitzen, Anis und Kümmel darin leicht anschwenken. Die Artischocken auf der Schnittseite mit anbraten, 1- bis 2-mal wenden. Tomaten, Pfeffer, Salz, Kapern, Zucker und Kräuter beigeben. Den Essig dazugeben und alles 5 Minuten köcheln lassen.

Die Nudeln mit den Zutaten nach Packungsangabe bissfest kochen, dann abgießen.

Anrichten Artischocken in einen tiefen Pastateller geben, die Nudeln aufsetzen und mit Sauce nappieren.

Tipp

Vata und Pitta vertragen dieses Gericht sehr gut, Kapha benutzt etwas mehr Pfeffer.

Feiner Gemüse-Basmatireis

Zutaten
(für 4 Personen)

80 g	Basmatireis
1 EL	Erdnussöl
600 ml	Gemüsefond
1	kleiner Kohlrabi
1	große Karotte
4	Stangen Frühlingslauch
1	große rote Paprika
2	kleine Zucchini
4	Feigen, getrocknet
1	kleines Bund Koriandergrün
2 EL	Olivenöl
1/2 TL	Fenchelsamen
1/2 TL	Anissamen
1/4 TL	Kümmelsamen
1 TL	Koriander, gemahlen
1/4 TL	schwarzer Pfeffer, gemahlen
1	gehäufter EL Pinienkerne
1	gehäufter EL Pistazienkerne
100 ml	Gemüsefond

Das Erdnussöl in einem kleinen Topf erhitzen, den Reis hinein rühren, den Fond angießen und zum Kochen bringen. Herd ausschalten und den Reis etwa 25 Minuten quellen lassen.

Das Gemüse schälen und putzen. Den Kohlrabi in bleistiftgroße Stifte schneiden, die Karotte in feine Scheibchen, den Lauch in schräge kurze Stücke, die geschälte Paprika in fingerdicke Streifen. Die Zucchini halbieren und in ebenfalls fingerdicke Scheiben schneiden. Die Feigen in feine Streifen schneiden. Den Koriander grob hacken.

Das Olivenöl in einer Pfanne erhitzen, darin nacheinander die Gewürze mit Kernen, Karotte, Kohlrabi, Lauch, Paprika und Feigen für 2–3 Minuten anbraten. Jetzt die Zucchini dazugeben und weitere 2 Minuten braten. Mit dem Fond ablöschen und alles zusammen aufkochen, bis die Flüssigkeit fast vollständig reduziert ist.

Anrichten Den Reis mit dem Gemüse locker vermischen, in einen tiefen Pastateller setzen und mit frisch gehacktem Koriandergrün bestreuen.

Tipp

Der Gemüse-Basmatireis ist für Vata und Pitta sehr zu empfehlen, Kapha gibt zu dem Gericht etwas Chili dazu.

Grüne Bandnudeln mit Orangensauce und Staudensellerie

Zutaten
(für 4 Personen)

500 g	grüne Bandnudeln
2 l	Gemüsebrühe
2	große Orangen
1	kleine rote Chili
3 EL	Erdnussöl
1/2 TL	Anissamen
1/2 TL	Fenchelsamen
2 EL	Kichererbsenmehl
200 ml	Gemüsefond
150 ml	Orangensaft
1 TL	Koriander, gemahlen
60 g	Kokospulver
4	Stangen Staudensellerie
1	rote Paprika
2 EL	Erdnussöl
1 TL	Ursalz

Die Orangen schälen und filetieren. Die Chili entkernen und in feine Streifen schneiden. Erdnussöl in einem kleinen Topf erhitzen, darin Anis, Fenchel und Chili anbraten. Das Kichererbsenmehl dazugeben und zu einer Mehlschwitze rühren. Mit Gemüsefond und Orangensaft aufgießen, Koriander und Kokospulver hineinrühren und kurz aufkochen lassen. Die Hälfte der Orangenfilets in die Sauce legen.

Den Sellerie waschen und in kleine Streifen von 6 cm Länge schneiden. Die Paprika schälen und in kleine Würfel schneiden. Beide Gemüse im Öl für etwa 5 Minuten braten, dabei salzen.

Die Nudeln nach Packungsvorgabe in der Gemüsebrühe bissfest garen.

Anrichten Etwas Sauce auf einen Pastateller geben, darauf die Nudeln setzen. Darüber wieder etwas Sauce geben und das Gemüse darauf verteilen. Mit den restlichen Orangenfilets garnieren.

Tipp

Für Pitta und Kapha sind die Bandnudeln sehr verträglich, Vata sollte mehr Orangen verwenden.

Kürbisrisotto

Zutaten
(für 4 Personen)

100 g	Risottoreis
1	kleiner Hokkaidokürbis (ca. 600 g)
1	kleine Schalotte
1	kleine rote Chili
1	Knoblauchzehe
900 ml	Gemüsebrühe
60 g	Kokospulver
1 EL	mittelscharfer Senf
3 EL	Erdnussöl
1/4 TL	Cuminsamen
1/4 TL	Anissamen
1/4 TL	schwarzer Pfeffer, gemahlen
100 ml	Orangensaft
1	Prise Ursalz
1/4 TL	Safranpulver
1	kleines Bund Basilikum
1	Limone (Dekoration)

Den Kürbis gut waschen und mit der Haut in kleine Würfel schneiden. Schalotte, Knoblauch und Chili sehr fein schneiden. Die Gemüsebrühe erhitzen, darin das Kokospulver und den Senf auflösen.

2 EL des Öls im Topf erhitzen, darin Cumin, Anis, Schalotte, Knoblauch, Pfeffer, die Hälfte des Kürbis und den Reis anschwitzen. Mit Orangensaft ablöschen und einkochen lassen. Jetzt einen Teil der Brühe mit dem Safran dazugeben; unter Rühren wiederum einkochen lassen. Dies wiederholen, bis die Brühe aufgebraucht ist. Dauert etwa 20 Minuten.

1 EL Öl in einer Pfanne heiß werden lassen, den restlichen Kürbis darin mit etwas Salz anbraten, bis er weich ist, etwa 8 Minuten. Das Basilikum fein schneiden und mit dem gebratenen Kürbis in den Risotto rühren.

Anrichten Den Risotto auf einen geeigneten Teller geben und mit einer Limonenscheibe dekorieren.

Tipp
Der Risotto ist für Pitta und Vata sehr gut verträglich, Kapha sollte mehr Chili verwenden.

Vegetarische Paella

Zutaten
(für 4 Personen)

80 g	weißer Reis (parboiled)
1/4 TL	Safranpulver
1 TL	Ursalz
20 g	Hijikialgen
1	große Tomate
6	Minimais
1	Fenchel
1	kleine Karotte
1	kleiner Kohlrabi
40 g	Kaiserschoten
1	kleine rote und grüne Paprika
2	Knoblauchzehen
1	rote Schalotte
2 EL	Erdnussöl
1/4 TL	Anissamen
1/4 TL	Fenchelsamen
1 TL	braune Senfsamen
1/2 TL	Koriander, gemahlen
100 ml	Gemüsefond
1	kleines Bund Kerbel

Die Algen in 500 ml Wasser über Nacht einweichen.

Den Reis mit Salz und Safran in 500 ml kochendes Wasser geben, nach Packungsanweisung bissfest kochen und abgießen.

Tomate blanchieren, abschrecken und in kleine Würfel schneiden. Das andere Gemüse putzen, schälen und in kleine Formen schneiden. Knoblauch und Schalotte fein würfeln. In einer Pfanne Öl erhitzen, darin die Gewürze anschwitzen, das Gemüse dazugeben und unter Wenden 3–4 Minuten braten. Den Fond angießen, den Reis dazugeben. Die Algen gut ausdrücken, dazugeben und gut vermengen.

Anrichten Die Paella in einen tiefen Pastateller anhäufeln und mit einem Zweig Kerbel garnieren.

Tipp

Pitta und Vata vertragen die Paella sehr gut, Kapha bitte etwas stärker würzen.

Asiatische Nudelpfanne

Zutaten
(für 4 Personen)

300 g	Spaghetti, ohne Ei
1/2 TL	Kurkuma
1 TL	Ursalz
1 EL	Sojasauce
1	mittelgroße Karotte
8	Minimais
80 g	Sojasprossen
40 g	Keniabohnen
1	kleine rote Paprika
40 g	Kaiserschoten
5	Stangen Frühlingslauch
1	kleine rote Chili
2	Knoblauchzehen
1	kleiner Senfkohl (Pak Choi)
2 EL	Erdnussöl
1/4 TL	Anissamen
1/4 TL	Cuminsamen
1/2 TL	Koriander, gemahlen
2 EL	Sojasauce
50 ml	Ananassaft
1	kleines Bund Koriandergrün
2 EL	Gomasio
1/4 TL	Kurkuma
4	Frühlingszwiebeln zum Garnieren

Die Karotte schälen und in dünne schräge Scheibchen schneiden. Den Minimais längs halbieren. In 200 ml Wasser mit Kurkuma 4 Minuten blanchieren und abschrecken. Die Keniabohnen putzen und in 100 ml Wasser 10 Minuten blanchieren und abschrecken. Paprika schälen und in Streifen schneiden. Kaiserschoten längs in Streifen schneiden. Lauch putzen, waschen und in schräge Stückchen schneiden. Chili und Knoblauch fein schneiden. Den Senfkohl vom Grün her grob, zum Weiß hin feiner in Streifen schneiden.

Die Nudeln einmal durchbrechen, in 1,5 l Wasser nach Angabe mit den Zutaten bissfest kochen.

Öl in einer Pfanne erhitzen. Anis, Cumin, Koriander, Knoblauch und Chili darin anbraten. Das Gemüse dazugeben, unter Wenden kurz braten, dann Sojasauce beifügen und nach 1 Minute mit dem Saft ablöschen. Nudeln dazugeben, Gomasio darüberstreuen, Koriandergrün grob mit einer Schere dazuschneiden und alles vermischen.

Anrichten Die Nudeln in einer weiten Schale häufeln, mit einer Frühlingszwiebel garnieren.

Tipp

Vata und Pitta vertragen das Gericht sehr gut, Kapha verwendet mehr Knoblauch und Chili.

Auberginenragout an Spaghetti

Zutaten
(für 4 Personen)

400 g	Spaghetti, ohne Ei
1/2 TL	Kurkuma
1 TL	Ursalz
2 l	Gemüsebrühe
2	mittelgroße Auberginen
2	Knoblauchzehen
80 g	Tomaten, halbgetrocknet (im Glas)
1	kleines Bund Basilikum
1	kleines Bund glatte Petersilie
2 EL	süßes Mangochutney (Fertigprodukt)
80 g	Kokospulver
1 EL	alter roter Balsamicoessig
3 EL	Olivenöl
1/4 TL	Anissamen
1/4 TL	Fenchelsamen
1/4 TL	Cuminsamen
1/2 TL	schwarzer Pfeffer, gemahlen
2 EL	Sojasauce
4	Rosmarinzweige zum Garnieren

Die Auberginen waschen und in Würfel von 1,5 cm Größe schneiden. Den Knoblauch fein schneiden, die getrockneten Tomaten in Streifen schneiden. Kräuter grob hacken, Mangochutney mit Kokospulver, Balsamicoessig und 200 ml Wasser pürieren.

In einer Pfanne das Öl erhitzen, darin Gewürze und Knoblauch kurz anbraten, Auberginen dazugeben, pfeffern und unter Wenden 10 Minuten braten. Jetzt Tomaten dazugeben, Sojasauce übergießen und alles miteinander vermischen. Das Püree angießen, die Kräuter beigeben und das Ganze in 5 Minuten reduzieren lassen.

Anrichten Die Nudeln nach Angabe mit den Zutaten bissfest kochen. Abgießen, portionieren und das Ragout anlegen, mit Rosmarin garnieren.

Tipp

Sehr verträglich ist dieses Gericht für Pitta und Vata, Kapha gibt zusätzlich etwas Pfeffer dazu.

Linguine al Pesto

Zutaten
(für 4 Personen)

500 g	Linguine, ohne Ei
1/2 TL	Kurkuma
1 TL	Ursalz
2 l	Gemüsebrühe
200 g	Basilikumblätter, frisch
2 EL	Olivenöl
2	Knoblauchzehen
2 EL	Pinienkerne, gemahlen
1/2 TL	Ursalz
1/4 TL	schwarzer Pfeffer, gemahlen
1 EL	Kichererbsenmehl
100 ml	Apfelsaft
1 EL	alter roter Balsamicoessig
60 g	Kokospulver
nach	Bedarf Parmesankäse, gehobelt

Basilikumblätter abzupfen und in 100 ml Wasser fein pürieren. Öl in einem Topf erhitzen, Knoblauch durch die Presse hineindrücken, Pinienkerne, Salz und Pfeffer sowie Mehl hinzugeben, alles schnell zu einer Mehlschwitze rühren. Mit Saft und Basilikumpüree ablöschen. Kurz aufkochen, Balsamicoessig und Kokospulver unterziehen.

Anrichten Nudeln nach Angabe mit den Zutaten bissfest kochen. Abgießen. In einer großen Schüssel mit dem Pesto vermischen, ggf. mit Parmesan bestreuen.

Tipp
Für Vata und Pitta gut verträglich,
Kapha sollte keinen Parmesan darüberhobeln.

Spargelrisotto

Zutaten
(für 4 Personen)

100 g	Risottoreis (Aquerello)
600 g	weißer Spargel
1	Apfel
1	kleine Zwiebel
1	unbehandelte Limone
1 TL	Rohrohrzucker
1 TL	Ursalz
1	kleine rote Paprika
1	kleine Karotte
1 EL	Estragon, gefriergetrocknet
100 g	Kokospulver
1 EL	vegetarische Brühe, gekörnt
25 g	Butter
50 ml	Quittensaft

Limone und roher Spargel zum Garnieren

Den Spargel schälen, unten abschneiden. Abschnitte und Schalen mit halbiertem Apfel, Zwiebel sowie halbierte Limone mit Zucker und Salz in 1 l Wasser auskochen (5 Minuten). Das Wasser durch ein Sieb in einen anderen Topf abgießen, darin den in kleine Stücke geschnittenen Spargel 5 Minuten kochen, herausnehmen und abschrecken, den Spargelsud beiseitestellen.

Paprika und Karotte schälen. Paprika in kleine Würfel schneiden, Karotte in feine Scheiben.

In dem Spargelsud das Brüh- und Kokospulver auflösen.

In einem Topf Butter schmelzen, darin Paprika, Karotte und Reis wenden, mit Quittensaft ablöschen und einkochen lassen. Gut die Hälfte des Spargels dazugeben, etwas Brühe angießen und unter Rühren wiederum einkochen lassen. Jetzt den restlichen Spargel beifügen, wieder Brühe angießen und einkochen lassen. Dieser Vorgang wird so lange wiederholt, bis die Brühe aufgebraucht ist. Dauert etwa 20 Minuten.

Anrichten Den Risotto auf einem Teller mit etwas rohem Spargel schön anrichten. Mit einer Limonenscheibe garnieren.

Tipp

Der Spargelrisotto ist für Vata und Pitta sehr verträglich, Kapha verwendet etwas Chili.

Bunter Reisauflauf

Zutaten
(für 4 Personen)

60 g	Basmatireis
2 TL	Ursalz
1	große Tomate
1	Stange Staudensellerie
1	rote Paprika
1	mittelgroße Karotte
1	kleine Pastinake
1	mittelgroße Zwiebel
1	kleiner Bund glatte Petersilie
2 EL	Butter
1/4 TL	Anissamen
1/4 TL	Fenchelsamen
1 TL	braune Senfsamen
1/2 TL	Koriander, gemahlen
1/4 TL	schwarzer Pfeffer, gemahlen
1 EL	Sonnenblumenkerne
2 EL	Crème fraîche
50 g	Greyerzer, gerieben
50 g	Kaiserschoten

Reis mit 1 TL Salz und 500 ml Wasser aufkochen, in 15 Minuten bissfest garen und aus dem Topf nehmen. Die Tomate einritzen und blanchieren, abschrecken, Haut entfernen und in kleine Stückchen schneiden. Das restliche Gemüse putzen, schälen und ebenfalls in schöne, kleine Stücke schneiden. Die Zwiebel fein hacken. Die Petersilie grob schneiden.

Butter im Topf erhitzen, darin Gewürze, Sonnenblumenkerne und Gemüsestückchen, außer der Tomate, für 3 Minuten anschwitzen. In eine große Schüssel geben. Reis, Crème fraîche und Petersilie sowie 1 TL Salz mit dem Gemüse (auch der Tomate) vermengen.

Die Masse in eine feuerfeste Form geben, mit Käse bestreuen und abgedeckt bei 200 °C 30 Minuten backen. Deckel entfernen und noch 5 Minuten braun werden lassen.

Anrichten Den Auflauf in 8 x 8 cm große Quadrate schneiden, auf einen mittleren Teller anrichten und mit Tomaten und geschnittenen Kaiserschoten garnieren.

Tipp

Für Vata und Pitta ist das Gericht sehr verträglich, Kapha mahlt frischen Pfeffer über das fertige Essen.

HAUPTGERICHTE

„Speisen und Getränke, deren Aussehen, Geruch, Geschmack und Berührung die Sinne erfreuen und die entsprechend der Prinzipien des Ayurveda verzehrt werden, schaffen die vitale Essenz aller Lebewesen. Der gesunde Effekt solcher Nahrungsmittel kann von jedem Individuum direkt wahrgenommen werden.“

(Caraka Samhita, Sutrasthana, Kapitel 27, Vers 2)

Gefüllter Hokkaidokürbis an Feldsalat

Zutaten
(für 4 Personen)

Hokkaidokürbisse	
4	Hokkaidokürbisse (Ø ca. 10 cm)
1 1/2 TL	Ursalz
2	unbehandelte Orangen
8	Scheiben Weißbrot (Toast)
240 g	Greyerzer
4	Zweige Basilikum
2	mittelgroße rote Chilis
1 TL	schwarzer Pfeffer, gemahlen
100 ml	Orangensaft

Feldsalat	
100 g	Feldsalat
1	rote Paprika
3 EL	Sonnenblumenkerne
2 TL	Walnussöl
1/4 TL	Ursalz
1	kleine Schalotte
1/8 TL	schwarzer Pfeffer, gemahlen
1 TL	mittelscharfer Senf
1 EL	alter roter Balsamicoessig
1 TL	Zucker

Die Kürbisse waschen und jeweils einen Deckel abschneiden, aushöhlen, innen leicht salzen und auf den Kopf stellen. Die Orangen abreiben, Schale zur Seite stellen, den Saft auspressen. Die Weißbrote in kleine Würfel schneiden und in einer Pfanne ohne Fett gut anrösten. Den Käse fein würfeln. Basilikum klein hacken, Chili fein schneiden. Brot und Käsewürfel mit Pfeffer, Basilikum, Orangensaft und Orangenabrieb vermengen und in die Kürbisse füllen. Deckel aufsetzen, die Kürbisse in Alufolie packen und bei 220 °C 1 Stunde im Ofen backen.

Den Salat putzen, waschen und abtropfen lassen. Paprika schälen und in kleine Würfel schneiden. Paprika und Kerne im Öl leicht anbraten, etwas salzen. Die Schalotte fein würfeln und mit den anderen Zutaten zu einer Vinaigrette verrühren. Pfanneninhalt dazugeben.

Die Kürbisse aus der Folie nehmen, ohne Deckel noch 10 Minuten bei 250 °C im Ofen gratinieren.

Anrichten Jeweils einen Kürbis auf einem großen Teller anrichten, den Salat anlegen und mit der Vinaigrette nappieren.

Tipp

Die gefüllten Kürbisse sind für Vata und Pitta gut verträglich, Kapha verwendet wieder mehr Chili.

Glasierte Rote Bete mit Fenchel-Apfel-Gemüse an buntem Couscous

Zutaten
(für 4 Personen)

Rote Bete

4	mittelgroße Rote Bete
1	Zwiebel
1 EL	gelbe Senfsamen
1 TL	Anissamen
1 TL	Fenchelsamen
1/2 TL	Kümmelsamen
2	Lorbeerblätter
8	Nelken
5	Wacholderbeeren
5	Pimentkörner
1 EL	schwarze Pfefferkörner, ganz
1/2	Zimtstange
1 EL	Kardamomkapseln, grün
50 ml	Rotweinessig
2 EL	Rohrohrzucker
1 EL	Ursalz
1/2 TL	Chili, grob gemahlen
1 EL	Butter
1 EL	alter roter Balsamicoessig
1 TL	Sojasauce

Fenchel-Apfel-Gemüse

2	mittelgroße Fenchelknollen (oder 8 Minifenchel)
1	mittelgroßer Apfel, süßsauer
Saft	von 1/2 Zitrone
1/2 TL	Rohrohrzucker
1 EL	Olivenöl
1	Knoblauchzehe
1 TL	braune Senfsamen
1/4 TL	Fenchelsamen
1/4 TL	Koriander, gemahlen
1/8 TL	Cuminsamen
1/4 TL	schwarzer Pfeffer, gemahlen
1 TL	vegetarische Brühe, gekörnt
1 EL	Korinthen
2	schwarze Oliven, gehackt

Couscous

60 g	Couscous
1 EL	Butter
1 TL	Leinsamen
1/2 TL	schwarze Senfsamen
1/4 TL	Kurkuma
3 EL	ganz kleine Gemüsewürfel (Karotte, rote Paprika, Frühlingslauch, Zucchini)
1 1/2 TL	Ursalz

Rote Bete waschen und mit allen Zutaten, außer Butter, Balsamico und Sojasauce, 1 Stunde in 1,5 l Wasser gar kochen. Vom Herd nehmen und im Sud abkühlen lassen (am besten über Nacht). Rote Bete aus dem Sud nehmen, die Haut abziehen oder schälen und in schöne Würfel schneiden. Butter in einer Pfanne zerlassen und Rüben darin anschwenken, mit Balsamico und Sojasauce würzen. Die Flüssigkeit nahezu einkochen lassen.

Den Zitronensaft in 500 ml Wasser geben. Fenchel putzen, je nach Größe vierteln oder achteln, im Zitronenwasser 15 Minuten garen. Senf mit Zucker und etwas Fenchelwasser verrühren. Apfel schälen und in kleine Stifte schneiden.

Öl in einer Pfanne erhitzen, die zerdrückte Knoblauchzehe und die anderen Gewürze darin anschwenken, jetzt den Fenchel und die vegetarische Brühe dazugeben und weitere 2 Minuten braten. Mit dem Senf-Zucker-Wasser ablöschen, die Korinthen und den Apfel dazugeben und 1 Minute weiterkochen. Zuletzt die Oliven darüberstreuen.

Die Butter in einem kleinen Topf schmelzen, Gewürze und Gemüse sowie Couscous darin wenden, mit 200 ml gesalzenem Wasser übergießen, aufkochen und bei abgeschalteter Platte in 20 Minuten gut ausquellen lassen. Vor dem Servieren mit einer Gabel lockern.

Die Rote Bete in größerer Menge abkochen, kann im Nachhinein für verschiedene Gerichte, z. B. Salat, benutzt werden. Dafür die Zutaten bitte umrechnen.

Anrichten Couscous in kleine Form (z. B. Espressotasse) pressen und auf Teller stürzen. Einen Löffel Rote Bete anlegen und die Sauce im Kreis über den Teller ziehen. Das Fenchelgemüse in den Kreis setzen.

Tipp

Für Vata und Kapha ist dieses Gericht sehr gut verträglich, Pitta bitte etwas Olivenöl über das Gemüse geben.

Hirsotto mit feinem Gurkengemüse und Auberginenmedaillon

Zutaten
(für 4 Personen)

Auberginenmedaillon

2	mittelgroße Auberginen
1	kleine Knoblauchzehe
1 TL	mittelscharfer Senf
3 EL	feine Haferflocken
2 EL	Semmelbrösel
1/4 TL	schwarzer Pfeffer, gemahlen
1 TL	Sojasauce Shoyu
1/2 TL	Ursalz
1/2 TL	alter roter Balsamicoessig
1 EL	Majoran, gefriergetrocknet
1 TL	Basilikum, gefriergetrocknet
2 EL	Olivenöl
2 EL	Sesamsamen, geschält

Gurkengemüse

1	große Salatgurke
1/2	rote Paprika
1	kleine Karotte
1	große Tomate
1	kleines Bund Dill
1 EL	Olivenöl
1/4 TL	Anissamen
1/4 TL	Cuminsamen
1 TL	helle Senfsamen
1/4 TL	schwarzer Pfeffer, gemahlen
1/2 TL	Koriander, gemahlen
100 ml	kräftiger Gemüsefond
1 EL	Kapern
1 TL	Rohrohrzucker
60 g	Kokospulver
1 EL	weißer Balsamicoessig

Hirsotto

100 g	Hirse
1/2	rote Paprika
1	kleine Zucchini
2	Stangen Frühlingslauch
1	große Tomate
2 EL	Olivenöl
1 TL	goldene Leinsamen
1/2 TL	braune Senfsamen
1/4 TL	Anissamen
1 EL	Sonnenblumenkerne
500 ml	Gemüsefond
1/4 TL	Kurkuma
1	kleines Lorbeerblatt

Die Auberginen rundum mit einer Gabel einstechen und bei 250 °C für 45 Minuten im Ofen backen. Herausnehmen und unter ein kaltes nasses Tuch legen, abkühlen lassen. Jetzt längs halbieren, das Fruchtfleisch herauskratzen und fein hacken. Die Knoblauchzehe durch eine Presse in die Auberginenmasse drücken, mit allen anderen Zutaten, außer Öl und Sesam, zu einer homogenen Masse verarbeiten. Diese mindestens 3 Stunden ruhen lassen (auch über Nacht im Kühlschrank). Aus dem Teig schöne Küchlein formen, in Sesam wälzen und im Öl von beiden Seiten in 5–6 Minuten braun braten.

Die Hirse gut 3- bis 4-mal waschen, abtropfen lassen. Die Paprika schälen, die Zucchini sehr dünn schälen. Beide fein würfeln. Den Lauch putzen und in sehr feine Ringe schneiden. Die Tomate blanchieren, abschrecken, die Haut abziehen und fein würfeln. Öl im Topf erhitzen, darin Anis, Kerne, Senfsamen, Leinsamen und Gemüse anschwitzen, Hirse dazugeben und mit den Zutaten verrühren. Mit Fond auffüllen, Kurkuma und Lorbeer hinzufügen, aufkochen und ohne Hitze 30 Minuten quellen lassen. Danach mit einer Gabel lockern.

Gurke schälen, längs halbieren, die Kerne mit einem Löffel auskratzen. In fingerdicke Scheiben schneiden. Paprika und Karotte schälen und in kleine Würfel schneiden. Tomate blanchieren, abschrecken, häuten und in grobe Würfel schneiden. Dill fein hacken, etwas Dill zum Garnieren aufbewahren. Öl in einer Pfanne erhitzen, Gewürze darin anschwenken, jetzt Paprika, Karotte und Gurke hinzugeben und unter Wenden 3–4 Minuten anbraten. Mit dem Fond ablöschen und die restlichen Zutaten dazugeben. Etwa 4 Minuten einkochen lassen.

Anrichten Hirsotto in eine kleine Form pressen und auf den Teller stürzen. Mit Gurkengemüse umlegen, das Medaillon anlegen und mit Dill garnieren.

Tipp
Kapha würzt mit etwas mehr Pfeffer, Vata und Pitta erhöhen im Hirsotto die Menge an Olivenöl und Kurkuma.

Lauwarmer Avocado-Spargel-Salat mit Karottenheu und Wildreis

Zutaten
(für 4 Personen)

Avocado-Spargel-Salat

2	reife Avocados
10	Stangen weißer Spargel
1	kleiner Apfel
1	Schalotte
1 TL	Rohrohrzucker
1 TL	Ursalz
100 ml	Orangensaft
1/4 TL	schwarzer Pfeffer, gemahlen
1 EL	weißer Balsamicoessig
Saft	einer 1/2 Zitrone
1 TL	Ursalz
1 TL	Koriander, gemahlen
1 TL	Majoran, gefriergetrocknet
1	kleines Bund Kerbel
3	Zweige Estragon
1	mittelgroße rote Chili
1 EL	Tapiokamehl
1 EL	Kapern, in Öl
8	mittelgroße Erdbeeren

Karottenheu

2	große Karotten
125 ml	Karottensaft
1 TL	Koriandersamen
etwas	Zitronensaft
1/2 TL	Ursalz
1/2 TL	Kurkuma

Wildreis

100 g	Wildreis
1 EL	Erdnussöl
1/2 TL	Koriander, gemahlen
1/4 TL	Anissamen
1 TL	Ursalz

In einem kleinen Topf Erdnussöl erhitzen, Reis mit Koriander, Anis und Salz darin wenden. 750 ml Wasser aufgießen und in etwa 20 Minuten auf kleiner Flamme garen.

Den Spargel schälen, evt. holzige Enden entfernen, den Rest in mundgerechte schräge Stücke schneiden. Die Schalen sowie entfernte Enden, den durchgeschnittenen Apfel, die geputzten und halbierten Schalotten, 1/2 Zitrone, 1/2 TL Zucker und 1 TL Salz in 500 ml Wasser etwa 10 Minuten auskochen. Durch ein Sieb in einen anderen Topf gießen, die Spargelstücke in der aufgefangenen Flüssigkeit 15 Minuten garen. Herausnehmen, zur Seite stellen und das Spargelwasser aufbewahren.

Aus 4 EL Spargelwasser, Orangensaft, schwarzem Pfeffer, Zucker, Essig, Zitronensaft, Salz, Koriander und Majoran eine herzhafte Vinaigrette rühren. Kerbel und Estragon fein schneiden, die Chilischote entkernen und ebenfalls fein schneiden, alles in die Sauce geben. 100 ml Spargelwasser mit dem Tapiokamehl aufkochen und unter die Salatsauce rühren.

Die Avocados halbieren, das Fruchtfleisch aus der Schale lösen, in mundgerechte Stücke schneiden und mit der Sauce vermengen. Die Kapern und den Spargel dazugeben. Die Erdbeeren putzen, halbieren oder vierteln.

Die Karotten schälen, auf einer Aufschnittmaschine zunächst der Länge nach in feine Scheiben schneiden, diese dann in feine Streifen. Den Karottensaft mit Koriander, etwas Zitronensaft, Salz und Kurkuma aufkochen. Das Karottenheu darin in 2 Minuten unter Wenden garen.

Den Salat im Ofen zugedeckt bei 100 °C für 10 Minuten warm halten. Herausnehmen, die Erdbeeren unterheben.

Anrichten Mit einer Form oder Tasse den Wildreis auf einen Teller stürzen, etwas vom Salat anlegen und das Karottenheu hinzufügen.

Tipp
Für Kapha und Pitta wirkt dieses Gericht sehr ausgleichend,
Vata gibt etwas Oliven- oder Kürbiskernöl über das fertige Gericht.

Püree von der Trüffelkartoffel an Paprika-Birnen-Gemüse und pochiertem Blumenkohl

Zutaten
(für 4 Personen)

Püree

500 g	Trüffelkartoffeln
1 TL	Ursalz
750 ml	Wasser
50 ml	Rote-Bete-Saft
60 g	Butter

Paprika-Birnen-Gemüse

je 1	rote und grüne Paprika
2	mittelgroße Birnen (Abate)
1 1/2 EL	Olivenöl
1/4 TL	Anissamen
1/4 TL	Fenchelsamen
1	Prise Kümmelsamen
3	Wacholderbeeren
1	Lorbeerblatt
1	Zweig Rosmarin
2	Zweige Thymian
1/4	Zimtstange
1/4 TL	schwarzer Pfeffer, gemahlen
1 EL	Sonnenblumenkerne
1 TL	gelbe Senfsamen
50 ml	Wasser
1 EL	Sojasauce
100 ml	Apfelsaft
1 EL	Speisestärke
1 TL	Rauchsalz

Pochierter Blumenkohl

1	kleiner Blumenkohl
1 Msp.	Muskatnuss, gemahlen
1/2	Limone
2 TL	Ursalz
1	kleines Lorbeerblatt
1	Nelke
3 EL	Kokospulver
1 EL	Butter

Die Kartoffeln schälen, im Salzwasser in 20 Minuten garen. Wasser bis auf einen kleinen Rest abgießen, Rote-Bete-Saft und Butter dazugeben und zu Püree verarbeiten.

Die Paprika schälen und in grobe Stücke schneiden. Die Birnen schälen, in Spalten schneiden, entkernen und beiseitestellen. Öl in einem Topf erhitzen, die restlichen Zutaten darin kurz anbraten, mit Wasser, Sojasauce und Saft ablöschen. 5 Minuten köcheln, die Birnen dazugeben. Die Stärke in wenig Wasser anrühren und das Gemüse damit binden, mit Salz abschmecken.

Den Blumenkohl in schöne Röschen brechen (1–2 p. P.). 1,5 l Wasser in einem Topf zum Kochen bringen, Limone in Scheiben, Salz und die übrigen Zutaten hineingeben und kurz

umrühren, damit sich Kokos und Muskat auflösen. Jetzt den Kohl in die kochende Flüssigkeit geben, 5 Minuten kochen. Danach im Sud gar ziehen lassen.

Anrichten Püree in einen Spritzbeutel füllen und damit eine schöne Nocke auf den Teller bringen, mit Paprika-Birnen-Gemüse umlegen und den Blumenkohl anlegen.

Tipp

Für Kapha und Pitta wirkt dieses Gericht sehr ausgleichend, Vata gibt etwas Oliven- oder Kürbiskernöl über das fertige Gericht.

Feines Gemüse im Weizenring auf Safransauce und Quinoa

Zutaten
(für 4 Personen)

	Feines Gemüse
8	Kaiserschoten
1	rote Paprika
2	kleine Möhren
4	Stangen weißer Spargel
1	Stange Staudensellerie
8	Minimais
1	mittelgroße Zucchini
2	Stangen Frühlingslauch
1	kleines Bund Kerbel
1/2 TL	Kurkuma
1 TL	Ursalz
2	runde Weizenfladen (Ø 25 cm, z. B. Wraps aus dem Kühlregal)
1 EL	Olivenöl
1/4 TL	Fenchelsamen
1/4 TL	Anissamen
1/8 TL	Kümmelsamen
1/4 TL	schwarzer Pfeffer, gemahlen
1/2 TL	Koriander, gemahlen
1	Knoblauchzehe
100 ml	Gemüsefond

	Quinoa
40 g	Quinoa
1 TL	Erdnussöl
1 TL	braune Senfsamen
1 TL	Sesamsamen, geschält
100 ml	kräftige Gemüsebrühe

	Safransauce
1 EL	Erdnussöl
1/8 TL	Anissamen
1/8 TL	Chili, grob gemahlen
1 TL	vegetarische Brühe, gekörnt
1 EL	Kichererbsenmehl
100 ml	Orangensaft
1/4 TL	Safranpulver
50 g	Kokospulver
1/2 TL	Majoran, gefriergetrocknet

Gemüse putzen, Paprika und Spargel schälen, alles in mundgerechte, verschiedene Formen schneiden. Kerbel fein hacken, 500 ml Wasser mit Salz aufkochen, darin nacheinander Spargel, Kaiserschoten und Staudensellerie blanchieren, jeweils mit kaltem Wasser abschrecken. Kurkuma in das Wasser geben und Möhren mit dem Mais blanchieren, ebenfalls kalt abschrecken. Das Blanchierwasser aufbewahren. Paprika, Zucchini und Frühlingslauch bleiben roh.

In einem kleinen Topf Erdnussöl mit Senf- und Sesamsamen erhitzen, Quinoa einstreuen und mit dem Öl vermischen, Gemüsebrühe und Kurkuma zugeben. 15 Minuten köcheln und weitere 15 Minuten ausquellen lassen.

Die Weizenfladen in 6 cm breite Streifen schneiden und mit etwas Wasser als Ring zusammenkleben. Auf einem Backblech 10 Minuten bei 220 °C backen, dann herausnehmen.

Für die Sauce Erdnussöl mit Anis und Chili erwärmen, Brühpulver und Kichererbsenmehl einstreuen und zu einer Mehlschwitze verrühren. Mit Saft und Blanchierwasser ablöschen, aufkochen lassen, Safran, Kokos und Majoran dazugeben, glatt rühren und warm halten.

In einer weiteren Pfanne Olivenöl mit den Gewürzen heiß werden lassen und die blanchierten und rohen Gemüse sowie den durch eine Presse gedrückten Knoblauch darin unter Wenden etwa 3 Minuten anbraten, mit dem Gemüsefond ablöschen und etwas einkochen lassen. Den fein gehackten Kerbel dazugeben.

Anrichten Die Sauce auf einen Teller gießen, Quinoa aus einer kleinen Form aufstürzen, einen Weizenring anstellen und das Gemüse locker in den Ring geben.

Tipp
Für Kapha sehr gut verträglich, Vata und Pitta nehmen statt Quinoa Basmatireis.

Gebackene Süßkartoffel mit Spargel an Oliven-Preiselbeer-Sauce

Zutaten
(für 4 Personen)

4	kleine rosafleischige Süßkartoffeln
12	Stangen weißer Spargel
8	Stangen grüner Spargel
2 EL	vegetarische Brühe, gekörnt
1/2 TL	Chilipulver, grob
1 TL	Muskatnuss, gerieben
3 EL	Erdnussöl
1 1/2 TL	Ursalz
1	Prise Zucker
1 EL	Olivenöl
2 EL	schwarze Oliven, entsteint
3 EL	Wildpreiselbeermarmelade
1 EL	alter roter Balsamicoessig
2 EL	Sojasauce

Die Süßkartoffeln schälen und längs halbieren. Brühpulver mit Chili und Muskat vermischen und Kartoffeln damit einreiben. Erdnussöl in eine feuerfeste Form geben, die Kartoffeln darin wenden, die Form mit Alufolie fest verschließen und im Ofen bei 220 °C 30 Minuten backen.

Den weißen Spargel schälen, den grünen waschen, nur die Enden leicht anschälen. In gleich große Stücke schneiden. 1 l Wasser mit Salz, Zucker und Olivenöl mit dem weißen Spargel zum Kochen bringen. Nach 5 Minuten den grünen Spargel dazugeben, weitere 10 Minuten bissfest kochen.

Oliven, Preiselbeermarmelade, Essig und Sojasauce mit einem Mixstab fein pürieren, in einer kleinen Kasserolle warm werden lassen.

Anrichten Die Sauce als Spiegel auf einen Teller bringen, darauf die Spargel arrangieren und je zwei Hälften der Kartoffeln anlegen.

Tipp
Vata und Pitta vertragen dieses Gericht sehr gut, Kapha gibt etwas Chili auf die Süßkartoffeln.

Gebratene Kürbiswürfel an Limettenreis, dazu pikante Prinzessbohnen

Zutaten
(für 4 Personen)

	Kürbiswürfel
1	mittlerer Butterkürbis (ca. 600–800 g)
2 TL	Ursalz
1	große unbehandelte Orange
1	kleine scharfe rote Chili
2 EL	Butter
1/4 TL	Kurkuma
1 TL	Koriander, gemahlen
4–5	schwarze Kardamomkapseln
1/4 TL	Cuminsamen
1 EL	Kürbiskerne
2–3	Zweige Basilikum (oder 1 TL gefriergetrocknetes)
1 Msp.	Muskatnuss, gemahlen

	Limettenreis
80 g	Basmatireis
2	unbehandelte Limetten
1 EL	Olivenöl
1/2 TL	braune Senfsamen
1 TL	Ursalz

	Prinzessbohnen
200 g	Prinzessbohnen
1 TL	Ursalz
1	kleines Stück Porree
50 g	Sellerieknolle
2	Feigen, getrocknet
4	Tomaten, halbgetrocknet (im Glas)
1 EL	Olivenöl
1/4 TL	schwarzer Pfeffer, gemahlen
1/4 TL	Anissamen
1 TL	Leinsamen
1 TL	Sesamsamen
100 ml	Malzbier
1 EL	Tamari Sojasauce
1	kleiner Apfel
1 TL	Speisestärke

Den Kürbis schälen, halbieren, entkernen und in gleichmäßige Würfel schneiden. In 500 ml Wasser mit 1 TL Salz 4 Minuten kochen, herausnehmen und abschrecken. Die Orangenschale abreiben und zur Seite stellen, die Orange auspressen. Die Chilischote entkernen und sehr fein hacken. In einer Pfanne die Butter heiß werden lassen, Gewürze, außer Muskat und Basilikum, und Kürbiskerne dazugeben und die Kürbiswürfel unter vorsichtigem Wenden anbraten. Mit Orangensaft ablöschen, salzen, Basilikum und Muskat dazugeben, mit der geriebenen Orangenschale bestreuen. Vom Herd nehmen.

Die Limetten waschen und auf einer Küchenreibe die Schale fein abreiben. Öl im Topf erwärmen, die Senfsamen hineingeben, warten, bis sie springen, jetzt den Reis dazugeben, salzen und mit 160 ml Wasser zum Kochen bringen. Den Saft von 1/2 Limette hineinpressen. Kurz aufkochen und ohne Hitze 20 Minuten ausquellen lassen. Eventuell noch etwas Limettensaft dazugeben. Die geriebenen Limettenschalen mit einer Gabel unterheben.

Die Bohnen putzen und in 500 ml Salzwasser in 10 Minuten al dente kochen. Porree waschen und klein schneiden, Sellerie schälen und in feine Streifen schneiden. Feigen und Tomaten klein schneiden. In einer Pfanne Öl erhitzen, Samen, Gewürze, Feigen, Tomaten, Sellerie und Porree darin kurz anbraten. Nun Bohnen dazugeben, nochmals 2 Minuten braten, mit Malzbier und Sojasauce ablöschen. Den Apfel schälen und in das Gemüse reiben, die Speisestärke mit einem Esslöffel Wasser anrühren und damit das Bohnengemüse binden.

Anrichten Limettenreis in eine kleine Form pressen und in die Mitte eines Tellers stürzen. Die Prinzessbohnen rechts und die Kürbiswürfel links davon anlegen.

Tipp
Dieses Gericht ist für Vata und Pitta sehr empfehlenswert, Kapha sollte zum Kürbis mehr Chili dazugeben.

Gebratene Polenta mit kleinem Ratatouille und Brokkoli

Zutaten
(für 4 Personen)

	Polenta
150 g	Polenta (Maisgrieß)
4 EL	Olivenöl
1	kleine Stange Staudensellerie
1/2	rote Paprika
1/4 TL	Anissamen
1 TL	braune Senfsamen
1 TL	frische Rosmarinnadeln, gehackt
400 ml	kräftige Gemüsebrühe
100 ml	Sahne
1/2 TL	Kurkuma
2 EL	Pinienkerne, grob gehackt

	Ratatouille
1 1/2	rote Paprika
1	mittelgroße Aubergine
1	große Zucchini
1	kleine Schalotte
2	Knoblauchzehen
2	mittelgroße Tomaten
2 EL	Olivenöl
1/4 TL	Fenchelsamen
1/4 TL	schwarzer Pfeffer, gemahlen
1 EL	Kräuter der Provence
1 EL	alter roter Balsamicoessig
1 TL	Ursalz
1	Zweig Rosmarin
1	Zweig Thymian
1 TL	Rohrohrzucker

	Brokkoli
600 g	Brokkoli
1 Msp.	Muskatnuss, gemahlen
20 g	Butter
1	Knoblauchzehe
1/4 TL	Ursalz
1/4 TL	schwarzer Pfeffer, gemahlen

Ein tiefes Kuchenblech oder eine Tarteform mit 1 EL Olivenöl auspinseln. Staudensellerie fein würfeln, Paprika schälen und ebenfalls fein würfeln. Gemüse mit den Gewürzen, außer Kurkuma, in 2 EL Öl anschwitzen. Mit Brühe, Sahne und Kurkuma aufkochen, Maisgrieß hineinrühren und 10 Minuten ohne Hitze quellen lassen. Die Masse auf dem Blech ca. 1,5 cm dick ausstreichen und abkühlen lassen (am besten über Nacht). Die kalte Polenta aus dem Blech stürzen und in schöne Stücke schneiden. In 1 EL Olivenöl von beiden Seiten braun anbraten.

Die Paprika schälen, in kleine Würfel schneiden. Die Aubergine waschen, trocknen und in etwa 1 x 1 cm große Würfel schneiden. Die Zucchini längs vierteln und in fingerdicke Stückchen zerteilen. Schalotte und Knoblauch fein würfeln. Die Tomaten blanchieren, abschrecken, häuten und in kleine Stücke schneiden. Öl in einer tiefen Pfanne erhitzen, darin

die Gewürze und die Auberginen 5 Minuten anbraten. Jetzt Paprika und Zucchini dazugeben und noch einmal 5 Minuten braten. Tomaten, Essig, Salz, Kräuter und Zucker hinzufügen, erneut 5 Minuten braten lassen. Mit 50 ml Wasser ablöschen und etwas einkochen lassen.

Den Brokkoli in schöne Röschen teilen, mit Muskat in 1 l Wasser 10 Minuten bissfest garen, herausnehmen. In einer Pfanne Butter schmelzen, Knoblauch hineinpressen, den Brokkoli darin schwenken, salzen und pfeffern.

Anrichten Polentastücke auf den Teller legen. Ratatouille und Brokkoli anlegen und mit Petersilie garnieren.

Tipp

Für Kapha ist das Gericht sehr gut verträglich, Vata und Pitta nehmen für die Polenta 200 ml Sahne und 300 ml Gemüsebrühe.

Spinat und Tofu mit Blumenkohlpakora an Gewürzreis

Zutaten
(für 4 Personen)

Gewürzreis

80 g	Basmatireis
1 EL	Butterfett (Ghee)
3	Nelken
1/2	kleine Zimtstange
1	kleines Lorbeerblatt
1/4 TL	Cuminsamen
1/2 TL	Koriandersamen
1 TL	grüne Kardamomkapseln, ganz
1 TL	braune Senfsamen
1	gestrichener TL Ursalz

Blumenkohlpakora

4	schöne Blumenkohlrosen
10–12 EL	Kichererbsenmehl
1/2 TL	Cuminsamen
1/2 TL	schwarzer Pfeffer, gemahlen
1 TL	Ursalz
1 Msp.	Muskatnuss, gerieben
1 TL	Kurkuma
50 ml	Apfelsaft
500 ml	Butterfett (Ghee) zum Frittieren

Spinat und Tofu

200 g	Tofu natur
1/2 TL	Ursalz
2 EL	Erdnussöl
500 g	Blattspinat
1	kleine Schalotte
1	Knoblauchzehe
1 EL	Butterfett (Ghee)
1/4 TL	Cuminsamen
1/4 TL	schwarzer Pfeffer, gemahlen
1/2 TL	Koriander, gemahlen
1/4 TL	Kurkuma
1 EL	Sojasauce Tamari
1 TL	alter roter Balsamicoessig
50 g	Kokospulver
1 TL	Ursalz

Ghee im Topf schmelzen, darin Gewürze anschwenken, dann Reis einrühren, salzen und mit Wasser auffüllen. In 20 Minuten garen.

Den Blumenkohl im Wasser mit etwas Salz in 8 Minuten bissfest garen, abschrecken, zur Seite stellen.

Aus dem Kichererbsenmehl mit allen Zutaten einen sämigen Ausbackteig rühren, abgedeckt mindestens 1 Stunde quellen lassen.

Den Tofu in 1 cm große Würfel schneiden, in der Pfanne mit Öl von allen Seiten hellbraun braten und salzen.

Den Spinat putzen, die Schalotte und den Knoblauch häuten und fein würfeln. Ghee im Topf erhitzen, Schalotte, Knoblauch, Cumin, Koriander und Kurkuma darin anschwitzen. Den Spinat dazugeben und 2–3 Minuten dünsten. 150 ml Wasser erhitzen, Kokospulver darin auflösen und zum Spinat geben. Die restlichen Zutaten dazugeben und weitere 3 Minuten kochen lassen. Jetzt den frittierten Tofu dazugeben.

Die Blumenkohlrosen durch den Teig ziehen und in dem heißen Butterfett frittieren.

Anrichten Den Gewürzreis in eine kleine Form pressen und auf den Teller stürzen. Spinatgemüse und Blumenkohl anlegen.

Tipp

Für Kapha und Pitta ist das Gericht sehr gut geeignet. Vata gibt zum Spinat zusätzlich 1/2 TL Fenchelsamen oder eine Messerspitze Vata-Churna.

Menüs

Ein gesunder täglicher Speiseplan enthält alle sechs Rasas süß, salzig, scharf, sauer, bitter und zusammenziehend. Geschmacks- und Geruchssinn verraten, welche Rasas in der Nahrung vorherrschen, bereiten den Körper auf die Aufnahme vor und fördern die optimale Verwertung.

Vanilletapioka in der Kiwi | Tomatensuppe | Feine Kerbelkartoffeln mit geschmortem Fenchel und Wurzelgemüse

Zutaten
(für 4 Personen)

Vanilletapioka in der Kiwi

1	Vanilleschote
2	gehäufte EL Tapiokaperlen
4	große Kiwis
1 EL	Sharkara-Zucker
100 ml	Wasser
100 ml	Sahne
4	Zweige rote Johannisbeeren

Tomatensuppe

6	reife Strauchtomaten
1	kleine Schalotte
1	Knoblauchzehe
1 EL	Olivenöl
1/4 TL	schwarzer Pfeffer, gemahlen
1/4 TL	Anissamen
1/4 TL	Fenchelsamen
1 Msp.	Kümmelsamen
1	kleines Lorbeerblatt
1	Zweig Rosmarin
1	Zweig Thymian
2	Zweige Estragon
3	Zweige Basilikum
800 ml	Gemüsebrühe
1 EL	Rohrohrzucker
1 EL	alter roter Balsamicoessig

Feine Kerbelkartoffeln mit geschmortem Fenchel und Wurzelgemüse

Kerbelkartoffeln

8	mittelgroße festkochende Kartoffeln
1	kleine Zwiebel
1	kleine Karotte
1	kleines Lorbeerblatt
1/4 TL	Kurkuma
1 TL	Ursalz
1 1/2 EL	Olivenöl
1	Bund Kerbel

Fenchel

4	schöne mittelgroße Fenchelknollen
Saft	von 1/2 Zitrone
1 1/2 TL	Ursalz
1 EL	Butter
1 EL	Olivenöl
1/4 TL	Fenchelsamen, gemahlen
1/4 TL	schwarzer Pfeffer, gemahlen
1/2 TL	Koriander, gemahlen
16	kleine Kirschtomaten

Wurzelgemüse

1	mittelgroße Karotte
1	kleine Petersilienwurzel
1	Stange Staudensellerie
1	kleine Pastinake
1	kleiner Kohlrabi
3	Stangen Frühlingslauch
1	gestrichener TL Ursalz
1 EL	Erdnussöl
1/4 TL	schwarzer Pfeffer, gemahlen
1/2 TL	Koriander, gemahlen
1/4 TL	Anissamen
1/4 TL	braune Senfsamen
50 ml	Apfelsaft
100 ml	kräftige Gemüsebrühe
60 g	Kokospulver
1 EL	rosa Pfefferkörner
1	kleines Bund glatte Petersilie

Tipp

Das Vanilletapioka ist für alle drei Dosha-Typen sehr ausgleichend. Kapha braucht für die Tomatensuppe mehr Schärfe durch zusätzlichen Pfeffer. Für Pitta und Kapha sind die feinen Kerbelkartoffeln sehr gut geeignet, Vata gibt etwas mehr Öl dazu.

Vanilletapioka in der Kiwi

Aus Sharkara-Zucker und etwas von dem Wasser ein sehr helles Karamell kochen. Mit dem Restwasser und der Sahne sowie der ausgekratzten Vanilleschote aufkochen. Tapioka einstreuen und ohne Rühren 20 Minuten köcheln lassen. Die Perlen sollen glasig, die Konsistenz breiig-fest sein. Aus dem Topf nehmen und in einer Schüssel abkühlen lassen.

Kiwis schälen, mit einem Teelöffel etwas Fruchtfleisch auslöffeln, sodass ein kleines Kiwischälchen entsteht. Das ausgelöffelte Fruchtfleisch klein würfeln.

ANRICHTEN Etwas Tapioka auf einen Teller geben, ein Kiwischälchen daraufstellen und mit Tapioka füllen. Mit je einem Johannisbeerzweig und den Kiwiwürfelchen garnieren.

Tomatensuppe

Tomaten einschneiden, entstielen. 1,5 l Wasser aufkochen, darin die Tomaten blanchieren, abschrecken. Schalotte und Knoblauch fein würfeln. Öl in einem Topf erhitzen, darin Gewürze und Samen anschwenken. Tomaten häuten und in feine Würfel schneiden. Knoblauch, Schalotte, Tomaten und Kräuter in den Topf geben. Kurz anziehen lassen und mit der Gemüsebrühe auffüllen. Zucker und Essig dazugeben. Alles auf kleiner Flamme 1 Stunde köcheln.

ANRICHTEN Suppe in einen tiefen Teller gießen.

Kerbelkartoffeln

Die Kartoffeln schälen, dabei in Form schneiden. Zwiebel und Karotte schälen und grob zerteilen. In 1 l Wasser mit Lorbeer, 1 TL Salz und Kurkuma aufkochen. Die Kartoffeln dazugeben, in 15 Minuten bissfest garen, vom Feuer nehmen. In einer Pfanne Öl warm werden lassen. Die Kartoffeln abgießen, abtropfen lassen und im Öl sautieren. Den Kerbel fein hacken und über die Kartoffeln geben.

Fenchel

Den Fenchel putzen und halbieren. Mit 1 l Wasser, Zitronensaft und 1 TL Salz 15 Minuten kochen, herausnehmen, abtropfen lassen. In einer Pfanne Butter und Öl erhitzen, den Fenchel mit den Gewürzen bestreuen und von allen Seiten hell anbraten. Zum Schluss die Kirschtomate dazugeben und kurz mitbraten.

Wurzelgemüse

Das Gemüse putzen und in schöne Formen schneiden. Karotte, Petersilienwurzel, Staudensellerie, Pastinake und Kohlrabi in einem 1/2 l Salzwasser 5 Minuten blanchieren, abschrecken. In einer Pfanne das Öl erhitzen und das Gemüse mit den Gewürzen und dem Lauch leicht anbraten. Mit Saft und Gemüsebrühe auffüllen. Das Kokospulver und den rosa Pfeffer einstreuen und alles in 10 Minuten bissfest garen. Mit der gehackten Petersilie vermengen.

ANRICHTEN Auf einen großen Teller je zwei Kartoffeln legen, den Fenchel und das Gemüse dicht anlegen. Die Kartoffeln mit frisch gehacktem Kerbel bestreuen.

Papaya-Heidelbeer-Salat auf Limettensahne | Brunnenkressesüppchen | Feine Reismedaillons mit Zucchini-Ingwer-Ragout, dazu gebratener Chicorée

Zutaten
(für 4 Personen)

Papaya-Heidelbeer-Salat auf Limettensahne

2	mittelgroße reife Papayas
125 g	Heidelbeeren
1 EL	Rohrohrzucker
100 ml	klarer Apfelsaft
1 Msp.	Safranpulver
1 Msp.	Chilipulver
2	unbehandelte Limetten
100 ml	Sahne
1 TL	Puderzucker

Brunnenkressesüppchen

250 g	Brunnenkresse
1	mittelgroße Kartoffel
1	kleine Petersilienwurzel
1	Knoblauchzehe
1 EL	Olivenöl
1/4 TL	Anissamen
1/2 TL	helle Senfsamen
900 ml	Gemüsefond
100 ml	klarer Traubensaft
1/4 TL	schwarzer Pfeffer, gemahlen
2 EL	Crème fraîche

Feine Reismedaillons mit Zucchini-Ingwer-Ragout, dazu gebratener Chicorée

Reismedaillons

60 g	Thaireis
2	Zweige glatte Petersilie
1	sehr kleines Bund Schnittlauch
2 EL	Erdnussöl
1/4 TL	braune Senfsamen
1/4 TL	Koriander, gemahlen
2 EL	sehr kleine Gemüsewürfel (von roter Paprika, Karotte, Gurke)

Zucchini-Ingwer-Ragout

4	kleine schöne feste Zucchini
1	daumengroßes Stück Ingwer
1 EL	Olivenöl
1 EL	Butter
1 Msp.	schwarzer Pfeffer, gemahlen
1/2 TL	Ursalz
2	Zweige Basilikum
50 g	Kokospulver

Gebratener Chicorée

4	kleine Chicorée
1 Msp.	Muskatnuss, gemahlen
1/4 TL	schwarzer Pfeffer, gemahlen
1/2 TL	Koriander, gemahlen
1 Msp.	Chilipulver
1 TL	Majoran, gefriergetrocknet
1/2 TL	Ursalz
1/2 TL	Kurkuma
2 EL	Kichererbsenmehl
	Abrieb von 1 unbehandelten Zitrone
2 EL	Butter

Tipp

Das Dessert ist für alle drei Dosha-Typen ausgleichend. Pitta und Kapha vertragen das Brunnenkressesüppchen ebenfalls sehr gut, Vata gibt etwas mehr Crème fraîche dazu. Der Hauptgang ist für Vata und Pitta sehr gut geeignet, Kapha gibt über Reis und Ragout etwas gemahlenen Chili.

Papaya-Heidelbeer-Salat auf Limettensahne

Den Rohrzucker mit wenig Wasser in einem Topf karamellisieren lassen, mit Apfelsaft ablöschen, Safran und Chili dazugeben. Etwas reduzieren lassen. Die Papayas schälen, halbieren und entkernen, dann in schöne Stückchen schneiden. Mit dem noch warmen Apfelsaftsud übergießen. Von den Limetten die Schale abreiben, zur Seite stellen. Limetten auspressen. Die Heidelbeeren vorsichtig mit der Hälfte des Limettensaftes unter die Papayamischung heben. Sahne mit Puderzucker steif schlagen, danach vorsichtig etwas Limettensaft unterziehen.

ANRICHTEN Mit einem Spritzbeutel Sahne auf einen Teller bringen, den Salat anlegen und mit der restlichen geriebenen Schale dekorieren.

Brunnenkressesüppchen

Die Kresse putzen, waschen. Kartoffel und Petersilienwurzel schälen und grob zerteilen. Knoblauch schälen und fein würfeln. Öl in einem Topf erhitzen, darin Kartoffel, Petersilie, Anis, Senfsaat und Knoblauch kurz anbraten; mit Gemüsefond, Saft und Pfeffer zum Kochen bringen. Zwei Drittel der Kresse für 20 Minuten darin kochen. Dann die restliche Kresse dazugeben und alles pürieren, dabei die Crème fraîche unterheben.

ANRICHTEN Suppe in einen tiefen Teller füllen, ein Sträußchen Kresse aufsetzen!

Feine Reismedaillons mit Zucchini-Ingwer-Ragout dazu gebratener Chicorée

Reismedaillon

Den Reis 2- bis 3-mal gut waschen, abtropfen lassen. Die Petersilie und den Schnittlauch fein hacken. Etwas Öl in einem Topf erhitzen, darin Senfsamen und Koriander, Reis und Gemüsestückchen anschwitzen, mit Fond auffüllen und in 30 Minuten garen. Jetzt die Kräuter dazugeben, vermischen und auskühlen lassen. Aus der Masse schöne Medaillons formen und im restlichen Öl von beiden Seiten hellbraun braten.

Zucchini-Ingwer-Ragout

Zucchini waschen, längs halbieren und in fingerbreite Scheiben schneiden. Den Ingwer schälen und in feine Streifchen schneiden. In einer Pfanne Öl und Butter erhitzen, Zucchini und Ingwer dazugeben. Mit Salz und Pfeffer bestreuen, vermischen und bei kleiner Hitze mit geschlossenem Deckel 15 Minuten schmoren. Basilikum fein schneiden, Kokos mit 100 ml Wasser verrühren und zu den Zucchini geben. Ohne Deckel bei voller Hitze 5 Minuten reduzieren lassen.

Chicorée

Den Chicorée putzen, längs halbieren. Die Gewürze und die abgeriebene Zitronenschale mit dem Kichererbsenmehl vermischen. Butter in einer Pfanne zerlassen, den Chicorée im Gewürzmehl wälzen und bei milder Hitze von allen Seiten braten, etwa 10–15 Minuten.

Anrichten Auf einem schönen Teller Reismedaillon, Chicorée und das Ragout mittig aufbringen.

Mango in Kokoscreme | Rote Linsensuppe | Pikanter Apfelreis mit Karottencurry und gefüllter Teigtasche

Zutaten
(für 4 Personen)

Mango in Kokoscreme

2	reife Mangos
1 EL	Rohrohrzucker
100 ml	Orangensaft
150 g	Kokospulver
1/2 TL	grüne Kardamomkapseln, frisch gemahlen
1/2 TL	Rosenwasser

Rote Linsensuppe

150 g	rote Linsen
1	kleine Pastinake
1	mittelgroße Karotte
1	kleine Knoblauchzehe
1	Zwiebel
1	kleine rote Chili
1/2 TL	Anissamen
1/4 TL	Fenchelsamen
1/4 TL	Kümmelsamen
1 TL	gelbe Senfsamen
1 TL	Koriander, gemahlen
2 EL	Butter
1 l	Gemüsefond
100 ml	Rote-Bete-Saft
etwas	Zitronensaft
100 g	Joghurt
1	kleines Bund Koriandergrün

Pikanter Apfelreis mit Karottencurry und gefüllter Teigtasche

Pikanter Apfelreis

80 g	Basmatireis
1	großer Apfel (Boskop)
1/2	rote Paprika
1 EL	Butter
1 TL	Ursalz

Karottencurry

6	mittelgroße Karotten
1	Stange Porree
1	kleine Knoblauchzehe
2	kleine scharfe rote Chilis
1	daumengroßes Stück Ingwer
1/2	Zimtstange
1	Lorbeerblatt
1	Sternanis
1 TL	Koriander, gemahlen
1 TL	braune Senfsamen
1 TL	Cuminsamen
1/2 TL	Fenchelsamen
100 ml	Apfelsaft
1/2 TL	Pippali, gemahlen
2 EL	Korinthen
1/2 TL	Kurkuma
2 TL	Ursalz
100 ml	Sahne
1 Msp.	Asant

Gefüllte Teigtasche

1/2 TL	Cuminsamen
1/2 TL	braune Senfsamen
150 g	Weizenmehl (Type 550)
1/2 TL	Ursalz
2 TL	Butterfett (Ghee)
1	mittelgroße Tomate
150 g	Blattspinat
2–3	mittelgroße Blumenkohlrosen
1	kleine scharfe grüne Chili
1	kleine Schalotte
1	kleine Knoblauchzehe
2 EL	Erdnussöl
1/4 TL	schwarzer Pfeffer, gemahlen
1/4 TL	Anissamen
1/2 TL	Cuminsamen
1 TL	Ursalz
	Butterfett (Ghee) zum Frittieren

Tipp

Mango in Kokoscreme wirkt für alle drei Dosha-Typen ausgleichend. Die Suppe ist für Vata und Kapha gut verträglich, Pitta gibt etwas mehr Koriander dazu. Für alle drei Typen ist der Apfelreis gut geeignet. Während Kapha und Vata das Karottencurry sehr gut vertragen, erhöht Pitta ausgleichend den Sahneanteil. Für die Teigtaschen erhöht Kapha den Chilianteil, Vata und Pitta vertragen das Gericht ohne Ausgleich sehr gut.

Mango in Kokoscreme

Den Zucker mit etwas Wasser hell karamellisieren lassen, mit Restwasser und Orangensaft ablöschen. Aufkochen, Kokospulver einrühren, Kardamom und Rosenwasser dazugeben. Die Mango schälen und in Würfel schneiden, in die kochende Flüssigkeit geben. Noch 1–2 Minuten köcheln, dann in der Creme abkühlen lassen.

Anrichten Die Süßspeise in ein schönes Glas geben, mit Limone garnieren.

Rote Linsensuppe

Linsen 2- bis 3-mal waschen, Pastinake und Karotte schälen, in grobe Stücke schneiden, Knoblauch mit dem Messer platt drücken, Zwiebel und Chili grob zerschneiden und mit Gewürzen, Samen, Gemüse und Linsen in Butter anschwitzen. Mit Gemüsefond auffüllen und 45 Minuten köcheln lassen. Jetzt Rote-Bete-Saft und etwas Zitronensaft dazugeben. Nochmals aufkochen. Vom Herd nehmen und pürieren, dabei den Joghurt dazugeben. Das Korianderkraut mit einer Schere in die fertige Suppe schneiden.

Anrichten Die Suppe in einen tiefen Teller geben, ein schönes Korianderblatt auflegen.

Pikanter Apfelreis mit Karottencurry und gefüllter Teigtasche

Apfelreis

Die Paprika schälen und in sehr feine Würfel schneiden. Den Apfel schälen und ebenfalls in feine Würfel schneiden. Butter im Topf schmelzen, Reis und Paprika einrühren, salzen und mit 250 ml Wasser auffüllen. Nun die Apfelwürfel dazugeben, mit Deckel 5 Minuten kochen, vom Herd nehmen, in weiteren 15 Minuten ausquellen lassen.

Karottencurry

Karotten schälen und in schöne, leicht schräge Scheiben schneiden. Vom Lauch nur das Weiße benutzen, waschen und in halbe dünne Scheiben schneiden. Knoblauch, Chili und

Ingwer in sehr feine Würfel schneiden. Zimt, Lorbeer, Fenchel, Sternanis, Koriander, Senfsamen und Cumin in einer trockenen Pfanne leicht anrösten. Butterfett hinzugeben. Karotten, Lauch, Ingwer, Knoblauch und Chili darin jetzt 2–3 Minuten anbraten. Mit Saft und 100 ml Wasser ablöschen. Pippali, Korinthen, Asant und Kurkuma sowie das Salz hinzufügen. Mit geschlossenem Deckel bei milder Hitze in 20 Minuten weich garen. Deckel abnehmen und die Sahne dazu geben. Nun noch einmal für 3–4 Minuten reduzieren lassen.

Gefüllte Teigtaschen

Cumin und Senfsaat leicht trocken anrösten. Mit Mehl, Salz und Butterfett verkneten. Jetzt nach und nach 100 ml Wasser dazugeben. Mit der Hand gut 5 Minuten durchkneten, abgedeckt noch 1 Stunde ruhen lassen.

Tomate in kochendem Wasser blanchieren, häuten und fein würfeln. Spinat waschen und abtropfen lassen. Blumenkohl putzen, waschen und fein hacken. Chili, Schalotte und Knoblauch ebenfalls fein schneiden. Alle Zutaten zusammen im Öl anbraten, 100 ml Wasser angießen und bei geschlossenem Deckel in 30 Minuten weich kochen. Eventuell noch etwas Nachkochzeit bei offenem Topf. Den Gemüsebrei abkühlen lassen.

Den Teig ausrollen und in 10 x 10 cm große Quadrate schneiden. Mit einem Löffel jeweils etwas Masse auf den Teig setzen. Mit nassen Fingern die Ränder anfeuchten und über Eck zusammenkleben. Gut andrücken. In einem Topf schwimmend frittieren.

ANRICHTEN Den Reis in ein kleines Glas geben, damit auf einen großen Teller stürzen. Das Curry anlegen und die Teigtaschen dazugeben. Mit ganzem Sternanis und Lorbeer garnieren.

Pikantes Zwetschgenkompott an Zimtmousse vom Joghurt | Wurzelcremesuppe | Selleriepüree mit geschmortem Spitzkohl auf feinem Linsengemüse

Zutaten
(für 4 Personen)

Pikantes Zwetschgenkompott an Zimtmousse vom Joghurt

Pikantes Zwetschgenkompott

- 200 g feste Zwetschgen
- 3 EL Rohrohrzucker
- 200 ml Apfelsaft
- 1/2 Zimtstange
- 1 Vanilleschote
- 1 Sternanis
- 1 kleine rote Chili
- 1 TL Koriander, gemahlen
- 2 EL alter roter Balsamicoessig
- 1 gehäufter EL Tapiokamehl

Joghurt

- 800 g Joghurt (3,5 %)
- 1 gestrichener TL Zimt, gemahlen
- 2 EL Sharkara-Zucker

Wurzelcremesuppe

- 1 große Kartoffel
- 1 kleine Petersilienwurzel
- 1 kleine Pastinake
- 1 große Karotte
- 1 mittelgroße Zwiebel
- 1 kleine Knoblauchzehe
- 1 kleines Bund Kerbel
- 1/2 TL Anissamen
- 1/2 TL Fenchelsamen
- 1/2 TL Kümmelsamen
- 1 EL Majoran, gefriergetrocknet
- 1 TL Kurkuma
- 1/2 TL schwarzer Pfeffer, gemahlen
- 1 TL Koriander, gemahlen
- 2 EL Butter
- 80 g Kokospulver
- 1 l Gemüsebrühe
- 200 ml Rote-Bete-Saft

Selleriepüree mit geschmortem Spitzkohl auf feinem Linsengemüse

Selleriepüree

- 600 g Knollensellerie
- 1 mittelgroße Kartoffel
- 1/2 TL Kümmelsamen
- 1/4 TL Anissamen
- 1/2 TL Koriander, gemahlen
- 1 TL Ursalz
- 60 g Kokospulver
- 2 EL Butter

Linsengemüse

- 60 g feine kleine Linsen
- 1 kleine Karotte
- 1 kleine Petersilienwurzel
- 1 kleine grüne Paprika
- 1 kleines Stück Steckrübe (ca. 80 g)
- 1/2 Stange Lauch
- 1 kleine Knoblauchzehe
- 1 Stange Staudensellerie
- 1 mittlerer Apfel
- 1 Zweig Rosmarin
- 2 Zweige Thymian
- 1/2 TL Anissamen
- 1 TL Koriander, gemahlen
- 1/2 TL Fenchelsamen
- 1/2 TL schwarzer Pfeffer, gemahlen
- 1 TL Majoran, gefriergetrocknet
- 2 EL weißer Balsamicoessig
- 2 EL Rohrohrzucker
- 1 TL Kurkuma
- 500 ml Gemüsefond
- 1 TL Sahne
- 3 EL Olivenöl

Spitzkohl

- 1 mittlerer Spitzkohl
- 4 Lauchstreifen (ca. 1 cm breit)
- 1 TL Ursalz
- 1/4 TL Koriander, gemahlen
- 1/4 TL schwarzer Pfeffer, gemahlen
- 1/4 TL Fenchelsamen, gemahlen
- 1/4 TL Muskatnuss, gemahlen
- 3 EL Butter

Tipp

Das Dessert und die Wurzelcremesuppe sind für alle drei Dosha-Typen gut verträglich. Beim Selleriepüree sollte Vata etwas Zitrone über das Gericht geben.

Pikantes Zwetschgenkompott an Zimtmousse vom Joghurt

Zwetschgen waschen, entkernen und vierteln. Zucker mit 2 EL Wasser hell karamellisieren lassen, mit Saft ablöschen, Balsamicoessig und die Gewürze darin aufkochen. Die Zwetschgen jetzt hineingeben und für 2–3 Minuten köcheln lassen. In wenig Wasser das Tapiokamehl anrühren und das Kompott damit binden.

Joghurt (nach Grundrezept abhängen lassen) in eine Schüssel geben. Gemahlenen Zimt und Sharkara-Zucker dazugeben und mit einem Schneebesen zu einer glatten Mousse verrühren.

ANRICHTEN In einer flachen Schale auf einer Moussenocke anrichten. Mit Minzblättchen garnieren.

Wurzelcremesuppe

Gemüse, Zwiebel und Knoblauch schälen und grob zerteilen. Im Topf die Butter zerlassen und darin Anis, Fenchel, Kümmel und Gemüse anschwitzen. Mit Brühe und Rote-Bete-Saft auffüllen, Kurkuma, schwarzen Pfeffer, Koriander und Majoran hinzufügen und zum Kochen bringen. Das Kokospulver in die kochende Suppe einrühren. Nach 40 Minuten pürieren. Jetzt den gehackten Kerbel dazugeben.

ANRICHTEN In einem tiefen Teller anrichten, mit Kerbel bestreuen.

Selleriepüree mit geschmortem Spitzkohl auf feinem Linsengemüse

Selleriepüree

Den Sellerie und die Kartoffel putzen, in kleine Würfel schneiden und zusammen mit den Gewürzen, 300 ml Wasser, Salz und Kokospulver in 25 Minuten bei geschlossenem Deckel weich kochen. Mit dem Handmixer fein pürieren, dabei die Butter einarbeiten.

Feines Linsengemüse

Die Linsen gut waschen und abtropfen lassen. Das Gemüse putzen und in kleine schöne Stückchen schneiden. Den Apfel schälen und raspeln. Im Topf das Öl erhitzen, darin Anis,

Fenchel, Pfeffer, Koriander und Gemüse anschwitzen. Den Knoblauch durchpressen. Mit Gemüsefond aufgießen und alle anderen Zutaten, bis auf die Sahne, dazugeben. Mit geschlossenem Deckel 1 Stunde köcheln lassen. Jetzt die Sahne dazugeben und noch einmal 5 Minuten ohne Deckel weiterkochen lassen.

Geschmorter Spitzkohl

Den Kohl von den äußeren Blättern befreien, in Viertel schneiden, eventuell den Strunk herausschneiden. Die Gewürze mit dem Salz vermischen, damit alle Viertel auf den Schnittseiten einreiben. Die Lauchstreifen kurz in kochendem Wasser blanchieren, abschrecken und damit die Kohlviertel umbinden. In einer Pfanne die Butter schmelzen und den Kohl bei mittlerer Hitze von beiden Seiten je 5 Minuten anbraten. 1 EL Wasser angießen, einen Deckel aufsetzen und noch 2–3 Minuten ohne Hitze einkochen lassen.

Anrichten Das Püree als Nocke auf einen Teller bringen, den Spitzkohl und das Linsengericht anlegen!

Gefüllte Pfannkuchen auf Chili-Orangen | Lauch-Kartoffel-Suppe | Gebratene Gerstengraupen mit Kohlrabigemüse und gefüllten Auberginen

Zutaten
(für 4 Personen)

Gefüllte Pfannkuchen auf Chili-Orangen

Gefüllte Pfannkuchen

100 g	Weizenmehl (Type 550)
2	kleine Eier
1	Prise Ursalz
2 EL	Rohrohrzucker
75 ml	Milch
2 EL	Butter

Chili-Orangen

2 EL	abgehangener Joghurt (siehe Grundrezept)
4 EL	Preiselbeermarmelade
4	große Orangen
1	große rote Chili
2 EL	Rohrohrzucker
100 ml	Orangensaft
1 EL	Speisestärke

Lauch-Kartoffel-Suppe

4	mittelgroße Kartoffeln
1	Stange Lauch
1	kleine Karotte
1	kleine Petersilienwurzel
3 EL	Olivenöl
1/4 TL	Anissamen
1/2 TL	Fenchelsamen
1/2 TL	Kümmelsamen
1 l	Gemüsebrühe
100 ml	Quittensaft
1	Zweig Rosmarin
3	Zweige Thymian
3	Zweige Majoran
1 TL	Kurkuma
1/4 TL	Muskatnuss, gemahlen
1/2 TL	schwarzer Pfeffer, gemahlen
3 EL	Crème fraîche

Gebratene Gerstengraupen mit Kohlrabigemüse und gefüllten Auberginen

Gerstengraupen

120 g	Gerstengraupen
1	mittelgroße Karotte
1 EL	Erdnussöl
1/2 TL	Anissamen
1/2 TL	Fenchelsamen
400 ml	kräftige Gemüsebrühe
100 ml	Apfelsaft
1/2 TL	Kurkuma
2 EL	Butter

Kohlrabigemüse

2	mittelgroße Kohlrabis
20	Kaiserschoten
1	kleine Schalotte
2 EL	Olivenöl
1	Lorbeerblatt
1/2 TL	Kümmel
1/2 TL	Anissamen
1/2 TL	Fenchelsamen
1 TL	Koriander, gemahlen
1/2 TL	schwarzer Pfeffer, gemahlen
70 g	Kokospulver
1 TL	Ursalz
2 EL	Kapern, in Olivenöl
1 Msp.	Muskatnuss, gemahlen
1	kleines Bund Kerbel

Gefüllte Auberginen

2	kleine Auberginen
1 1/2 TL	Ursalz
6 EL	Olivenöl
1	rote Paprika
1	große Tomate
4	Stangen Frühlingslauch
1	kleine scharfe grüne Chili
1	Knoblauchzehe
1 TL	schwarzer Pfeffer, gemahlen
1	kleines Bund Basilikum
1/2 TL	Cuminsamen
1 TL	Rohrohrzucker
200 g	Mozzarella, gerieben

Tipp

Suppe und Dessert sind für alle drei Dosha-Typen gut verträglich. Die Hauptspeise ist für Kapha und Pitta gut verträglich, Vata sollte etwas mehr salzen und das Gericht mit ein wenig Olivenöl beträufeln.

Gefüllte Pfannkuchen auf Chili-Orangen

Aus Mehl, Ei, Salz, Zucker und Milch einen Pfannkuchenteig rühren. 30 Minuten ruhen lassen. Butter in einer Pfanne zerlassen, darin vier Pfannkuchen ausbacken.

Joghurt mit Preiselbeermarmelade vermischen, auf die ausgekühlten Pfannkuchen streichen und stramm aufrollen. In Frischhaltefolie einzeln fest einwickeln, für eine Stunde kühl stellen.

Die Orangen filetieren, Filets zur Seite stellen. Die Chilischote entkernen und fein hacken. Aus Zucker und 1 EL Wasser ein helles Karamell kochen, mit Orangensaft und Chili aufkochen. Die Stärke in etwas Wasser anrühren und damit binden. Wenn die Sauce etwas abgekühlt ist, vorsichtig die Filets unterheben.

Anrichten Die Pfannkuchen aus der Folie nehmen und schräg in 5 cm breite Streifen aufschneiden. Auf einem Teller anrichten und die Chili-Orangen anlegen.

Lauch-Kartoffel-Suppe

Das Gemüse putzen und grob zerkleinern. Öl in einem Topf erhitzen, darin Samen und Gemüse anschwitzen, mit der Brühe und dem Saft ablöschen. Kräuter, Kurkuma, Muskat und Pfeffer beigeben und 45 Minuten köcheln lassen. Pürieren, dabei die Crème fraîche unterziehen.

Anrichten Die Suppe in einen Teller gießen und mit Thymian bestreuen.

Gebratene Gerstengraupen mit Kohlrabigemüse und gefüllten Auberginen

Gebratene Gerstengraupen

Karotte schälen und in sehr feine Würfel schneiden. Erdnussöl in einem Topf erhitzen, darin Anis, Fenchel, Karotte und Graupen anrösten. Mit der Gemüsebrühe ablöschen, Apfelsaft und Kurkuma dazugeben und in 35 Minuten bissfest garen. Jetzt Butter in einer Pfanne zerlassen, die Graupen darin 10 Minuten braten.

Kohlrabigemüse

Kohlrabi schälen, in schöne gabelgerechte Stücke schneiden. Die Kaiserschoten waschen und in schöne schräge Stücke schneiden, Schalotte fein würfeln. Öl in einem Topf erhitzen, darin alle Zutaten außer Kapern, Kerbel, Kokospulver, Salz und Muskat anschwitzen. Mit 500 ml Wasser ablöschen, zum Kochen bringen, Kokospulver einrühren, Salz, Kapern und Muskat dazugeben und in 30 Minuten bissfest garen. Kerbel fein hacken und hineinrühren.

Gefüllte Auberginen

Auberginen waschen, trocken reiben und mit Stiel längs halbieren. Mit einem Esslöffel ausschaben, salzen und pfeffern und mit 3 EL Olivenöl auf der Schnittseite anbraten. Paprika schälen, Tomate blanchieren und häuten. Beides in kleine Würfel schneiden. Den Lauch waschen und in feine Ringe schneiden, die Chili und den Knoblauch fein würfeln. Basilikum fein hacken. Diese Zutaten im restlichen Öl für 5 Minuten mit den Gewürzen anbraten. Jetzt in die Auberginen füllen, mit Käse überstreuen und im Backofen 10 Minuten bei 250 °C backen.

ANRICHTEN Die Graupen in eine Espressotasse drücken und auf einen großen Teller stürzen. Die Aubergine anlegen und mit dem Kohlrabigemüse umziehen. Mit Kerbel garnieren.

Die Basis der ayurvedischen Küche: die Klassiker

„Die Nahrung ist der vitale Atem aller Lebewesen. Ausstrahlung, Klarheit, eine gute Stimme, Langlebigkeit, Genialität, Glücksgefühl, Erfüllung, Kraft und Intellekt hängen alle von ihr ab."

(Caraka Samhita, Sutrasthana, Kapitel 27, Vers 349)

Chutneys

Grünes Tomatenchutney

Zutaten

4–6	reife grüne Tomaten
je 1	mittelgroße rote und grüne Chili
2	Knoblauchzehen
1	große Schalotte
1	Bund Basilikum
4	Zweige Estragon
1	Zweig Thymian
1/4 TL	Anissamen
1 TL	Koriander, gemahlen
1/2 TL	schwarzer Pfeffer, gemahlen
2 TL	weißer Balsamico
2 EL	Rohrohrzucker
1 TL	Ursalz
1 EL	Olivenöl
250 ml	klarer Apfelsaft

Die Tomaten einritzen und in kochendem Wasser kurz blanchieren, kalt abschrecken und die Haut abziehen. Chilis halbieren, entkernen und in feine Streifen schneiden. Knoblauch und Schalotte sehr fein würfeln. Die Kräuter zupfen und fein hacken. Die Tomaten in kleine Würfel schneiden. In einer Pfanne das Öl erhitzen. Darin Anis, Koriander, Pfeffer, Schalotte und Knoblauch anschwitzen. Jetzt die Tomaten dazugeben, nochmals kurz anschwitzen. Die restlichen Zutaten ebenfalls dazugeben und alles 20 Minuten köcheln lassen.

Tipp

Grünes Tomatenchutney – für Vata und Pitta gut verträglich, Kapha etwas schärfer.

Ananas-Bärlauch-Chutney

Zutaten

1/2	Ananas
je 1	kleine Karotte, rote Paprika, mittelgroße scharfe rote Chili,
je 1	Bund Bärlauch, Sternanis
1/2	Zimtstange
1	Lorbeerblatt
1/4 TL	Cuminsamen
1 TL	braune Senfsamen
1/4 TL	Fenchelsamen
je 2	Nelken, Wacholderbeeren
1/2 TL	Kurkuma
1 TL	Ursalz
je 1 EL	Rohrohrzucker, Erdnussöl
250 ml	Ananassaft
100 ml	Wasser

Ananas schälen und in kleine Würfel schneiden. Karotte und Paprika schälen, ebenfalls in kleine Würfel schneiden. Die Chilischote fein schneiden. Den Bärlauch waschen und in feine Streifen schneiden. Zunächst die Gewürze, außer Kurkuma, Salz und Zucker, in einer Pfanne trocken anrösten. Dann Öl, Karotte, Paprika, Chili und Ananas dazugeben und kurz anbraten. Mit 100 ml Wasser und dem Saft auffüllen. Salz, Kurkuma und Zucker zugeben und gut 1 Stunde köcheln lassen.

Tipp

Ananas-Bärlauch-Chutney – für Vata und Kapha gut verträglich, Pitta nur kleine Mengen.

Zutaten

2	große Fenchelknollen
2	große unbehandelte Orangen
2	kleine scharfe rote Chilis
3	Nelken
1/2	Zimtstange
1	Sternanis
1 EL	Koriandersamen, ganz
1/2 TL	Fenchelsamen
1 EL	Sultaninen, mittelscharfer Senf
2 EL	weißer Balsamico
1 TL	Ursalz
1 EL	Rohrohrzucker
300 ml	Wasser
200 ml	Orangensaft
etwas	Zitronenwasser (Wasser mit dem Saft einer halben Zitrone)

FENCHEL-ORANGEN-RELISH

Die Orangen mit einem Sparschäler schälen, Schalen in feine Streifen schneiden, zur Seite stellen. Die weiße Haut entfernen und das Fruchtfleisch in kleine Stücke schneiden. Den Fenchel putzen und in kleine Würfel schneiden, in Zitronenwasser legen. In einer Pfanne die halbierten und entkernten Chilis und die anderen Gewürze leicht anrösten. Mit Wasser ablöschen und alle anderen Zutaten dazugeben. Gut 40 Minuten einkochen lassen.

TIPP

Fenchel-Orangen-Relish – für alle drei Typen ausgleichend.

Zutaten

je 1	rote und grüne Paprika
8	getrocknete Feigen
1	große Zwiebel
2	Knoblauchzehen
2	grüne große scharfe Chilis
1/4 TL	Kümmel, Anis (ganz)
3	Wacholderbeeren
1	Lorbeerblatt
1 TL	gelbe Senfsamen
1	kleiner Zweig Rosmarin
1 TL	mittelscharfer Senf
1 TL	Ursalz
1 EL	Rohrohrzucker
1 EL	alter Balsamico, süß
100 ml	klarer Birnensaft
1 EL	Olivenöl

PAPRIKA-FEIGEN-CHUTNEY

Paprika schälen und in kleine Stückchen schneiden. Knoblauch und Zwiebel in sehr feine Würfel schneiden. Chilis entkernen und ebenfalls fein würfeln. Die Feigen in kleine Stückchen schneiden. Öl in einer Pfanne erhitzen, darin die Gewürze und Gemüse leicht anbraten. Saft, Senf, Essig, Salz und Zucker dazugeben. Alles in 30 Minuten einkochen lassen.

TIPP

Paprika-Feigen-Chutney – für alle drei Typen ausgleichend.

Chutneys

Zutaten

3	große rote Zwiebeln
3	Äpfel (Boskop)
1/2	Zimtstange
2	rote Chilischoten
2 EL	Cranberries
2	Nelken
1	Lorbeerblatt
5	Zweige Majoran
1/4 TL	Anissamen
1/2 TL	schwarzer Pfeffer, gemahlen
6	grüne Kardamomkapseln, ganz
2 EL	Rohrohrzucker
1 TL	Ursalz
1 EL	Weißweinessig
1 EL	Wasser
200 ml	klarer Apfelsaft

Zwiebel-Apfel-Chutney

Die Zwiebel und die Äpfel schälen und in kleine Stücke schneiden. Die Chilis halbieren und entkernen. Zucker mit dem Wasser in einer Pfanne karamellisieren lassen. Mit Saft ablöschen. Zwiebeln, Chilis, Cranberries, Salz und Gewürze dazugeben und 15 Minuten köcheln lassen. Jetzt die Äpfel beifügen und nochmals 15 Minuten einkochen lassen.

Tipp

Zwiebel-Apfel-Chutney – für Pitta und Kapha gut geeignet, Vata mehr salzen.

Zutaten

2	große, etwas grüne Bananen
4	unbehandelte Limonen
2	scharfe grüne Chilischoten
4	Knoblauchzehen
1	Schalotte
6	grüne Kardamomkapseln, ganz
2	Nelken
1/4 TL	Fenchelsamen
1/2 TL	Koriander, grob gemahlen
1/4	Zimtstange
1 EL	Erdnussöl
1 TL	Ursalz
300 ml	Birnensaft
3 EL	Akazienhonig

Bananen-Limonen-Chutney

Chili entkernen und fein schneiden. Schalotte und Knoblauch fein würfeln. Die Limonen mit einer Küchenreibe abreiben, die weiße Haut entfernen und in kleine Stückchen schneiden. Die Bananen schälen, längst halbieren und in fingerdicke Scheibchen schneiden. Öl in einer Pfanne erhitzen, darin die Gewürze mit Schalotte, Knoblauch und Chili anbraten, Bananenscheiben dazugeben, Limonenstückchen und ein Viertel der abgeriebenen Schale beifügen, mit Birnensaft ablöschen, salzen und 20 Minuten einkochen lassen. Vom Herd nehmen und abkühlen lassen. Jetzt den Honig und die restlichen Schalen dazugeben. Honig soll nie über 40 °C erhitzt werden, sonst ist er wertlos für den Körper.

Tipp

Bananen-Limonen-Chutney – für Vata und Pitta gut geeignet, Kapha etwas schärfer.

Chutneys

Dattel-Mango-Chutney

Zutaten

1	feste große Mango
8	Datteln, entsteint
1	kleine Schalotte
1	mittelgroße rote Chili
1	Nelke
2	schwarze Kardamomkapseln, ganz
1/4 TL	schwarzer Pfeffer, gemahlen
1 TL	Koriander, gemahlen
1 Msp.	Safranpulver
1 TL	braune Senfsamen
1 TL	Ursalz
100 ml	Orangensaft
100 ml	Wasser

Mango schälen und in kleine Würfel schneiden. Schalotte fein würfeln. Chili halbieren, entkernen und in feine Streifen schneiden. Datteln halbieren und in feine Streifen schneiden. Alle Zutaten zusammen in einer Pfanne 30 Minuten einkochen lassen.

Anrichten Füllt man das Chutney sofort in Gläser, verschließt es und gibt es in den Kühlschrank, hält es sich mehrere Wochen. Dieses gilt im Allgemeinen für alle Chutneys und Relishes.

Tipp
Dattel-Mango-Chutney – für alle drei Typen ausgleichend.

Quittenrelish

Zutaten

1–2	Quitten
je 1	gelbe Paprika, mittlere Schalotte
je 2	Knoblauchzehen, mittelgroße rote Chili
1	daumengroßes Stück Ingwer
1	Vanilleschote
1/2	Zimtstange
2	Sternanis
6	grüne Kardamomkapseln, ganz
1	kleines Lorbeerblatt
2	Nelken
je 1/2 TL	Fenchelsamen, Ursalz
3 EL	Rohrohrzucker
300 ml	Quittensaft
1 EL	Weißweinessig
100 ml	Wasser
1 g	Safranpulver

Quitten und Paprika schälen und in sehr kleine Würfel schneiden. Ingwer schälen und wie Schalotte, Knoblauch und Chilis sehr fein hacken. Die Vanilleschote lediglich längs halbieren. Zimt, Fenchel, Sternanis, Lorbeer, Nelken und Kardamom in einer Pfanne kurz trocken anrösten. Alle anderen Zutaten dazugeben und 20 Minuten einkochen lassen.

Tipp
Quittenrelish – Kapha reduzierend! Vorsicht, stark Vata erhöhend.

Lassi

Grundrezept für Lassi

Als Lassi bezeichnet man im Ayurveda ein Getränk, welches aus Joghurt und Wasser besteht. Dies sollte am Ende des Essens getrunken werden. Es gilt aber auch als willkommene Erfrischung zwischendurch.

In der Regel gilt: 1/3 Joghurt mit 2/3 Wasser 2–3 Minuten im Mixer aufrühren.

Lassi natur: 1/3 Joghurt (3,5 %) mit 2/3 Wasser und einer Prise Salz.

Früchtelassi

Geeignet sind vollreife Früchte wie Mangos, Erdbeeren, Bananen, Aprikosen, Birnen, Pfirsiche, Kirschen und andere.

Anders als bei den Grundrezepten spielt hier der Pektingehalt der Früchte eine Rolle. So wird ein Mango- oder Bananenlassi viel dicker als ein Beeren- oder Aprikosenlassi. Dieses kann man durch Erhöhung des Joghurtanteils ausgleichen.

Die geputzten Früchte sollte man kurz mit Wasser aufkochen, so erreicht man eine wesentliche Verbesserung des Geschmacks.

Kräuterlassi

Zum Grundrezept geben Sie Kräuter Ihrer Wahl plus eine Prise Ursalz.

1 Liter Grundrezept, dazu

1 großes Bund Basilikum
1 Prise Salz
1 Prise schwarzer Pfeffer, frisch gemahlen

Bei allen Kräuterlassi muss man die Rührzeit auf mindestens 5 Minuten ausdehnen, damit die Kräuter richtig vermixt werden. Gut eignen sich Basilikum, Minze, Kerbel.

Gewürzlassi

Die Mengenangaben der folgenden Rezepturen gelten für 1 Liter Lassi.

1 Liter Grundrezept, dazu

1/4 TL Fenchel, gemahlen
1 EL Honig

1 Liter Grundrezept, dazu

1/2 TL grüner Kardamom, gemahlen
1 EL Honig

1 Liter Grundrezept, dazu

1/4 TL getrockneter Ingwer, gemahlen
1 Prise Zimt, gemahlen
1 EL Honig

Es lassen sich so nach Laune und Geschmack vielerlei verschiedene Lassi mit Gewürzen herstellen.

Abgehangener Joghurt

Abgehangener Joghurt

Joghurt in ein feines Leinentuch geben und über einer Schüssel die Nacht über abtropfen lassen. Am besten bei Zimmertemperatur. Diese Masse kann nun nach Bedarf zu süßem oder auch pikantem Mousse weiterverarbeitet werden.

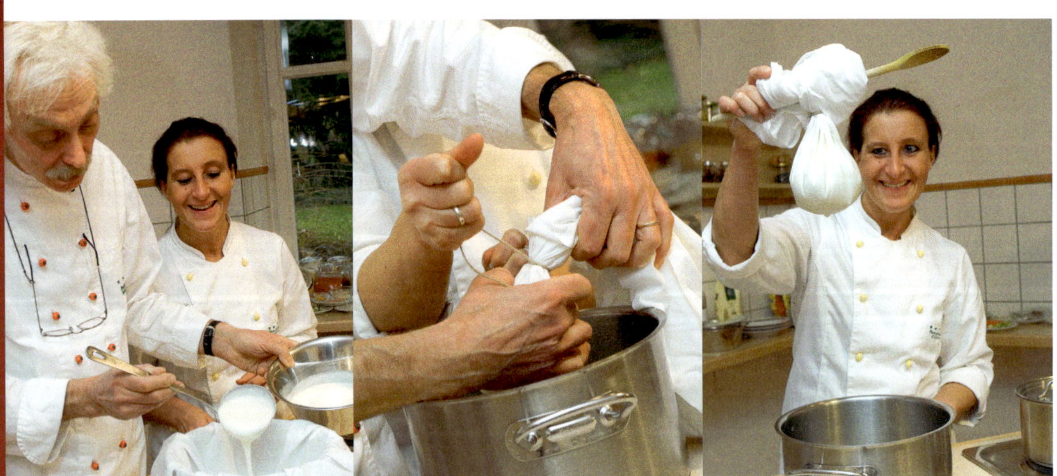

Dhal

Zutaten

100 g	Coronabohnen (weiße dicke Bohnen)
1	kleine grüne Paprika
1	kleine Karotte
1	kleine Birne
1	kleine Schalotte
2	Knoblauchzehen
2 EL	Olivenöl
1/4 TL	Kümmelsamen
1/4 TL	Anissamen
1/4 TL	Fenchelsamen
1	Sternanis
3	Wacholderbeeren
1	Lorbeerblatt
1/2 TL	schwarzer Pfeffer, gemahlen
1 TL	weißer Balsamicoessig
1 TL	Rohrohrzucker
60 g	Kokospulver
1 EL	Bohnenkraut, gefriergetrocknet (oder 4 frische Zweige)
1 l	Gemüsebrühe
1	kleiner Bund Schnittlauch

Coronabohnen-Dhal

Die Bohnen über Nacht in reichlich Wasser vorquellen lassen. Paprika, Karotte und Birne schälen und in kleine Stückchen schneiden. Das Olivenöl im Topf erhitzen, Schalotte und Knoblauch fein würfeln und mit den anderen Gewürzen, Samen sowie dem klein geschnittenen Gemüse im Topf anschwitzen. Gemüsebrühe angießen, aufkochen und alle anderen Zutaten dazugeben. Coronabohnen in 2 Stunden gar kochen. Am Schluss den fein geschnittenen Schnittlauch beifügen.

Tipp

Coronabohnen-Dhal – für Pitta und Kapha sehr gut geeignet, Vata gibt etwas mehr Olivenöl dazu.

Dhal

Zutaten

200 g	Champagnerlinsen
2 EL	Olivenöl
2	Knoblauchzehen
1	kleine rote Paprika
1	kleine Karotte
1	kleiner Fenchel
1	kleine rote Chili
1	kleine Pastinake
2	Stangen Frühlingslauch
1	große Kartoffel
1	Zweig Rosmarin
1	Lorbeerblatt
2	Zweige Thymian
1/4 TL	Anissamen
1/4 TL	Pippali, gemahlen
1/2 TL	Koriander, gemahlen
1	kleines Stück Zimtstange
4–6	Zweige Koriandergrün
1/2 TL	Kurkuma
1	kleines Stück Ingwer, gerieben
1 EL	Rohrohrzucker
1 TL	Ursalz
1 EL	Kelpamare (Speisewürze) oder Sojasauce
1 EL	Korinthen
100 ml	Quittensaft
1 EL	Weißweinessig
1 EL	weißer Balsamicoessig
1 TL	mittelscharfer Senf
600 ml	Wasser

Pikante Linsen

Die Linsen gut waschen und abtropfen lassen. Das Gemüse putzen und in verschiedenartige kleine Formen schneiden. Die Chili entkernen und sehr fein schneiden. Das Öl im Topf erhitzen, Knoblauch und Gewürze sowie das klein geschnittene Gemüse darin anziehen lassen. Wasser, Saft, Essig, Rohrohrzucker, Ursalz, Kelpamare, Korinthen und Senf dazugeben und in 1 Stunde garen. Am Schluss das Koriandergrün mit der Schere hineinschneiden.

Tipp

Pikante Linsen – für Kapha und Vata sehr gut geeignet, Pitta sollte etwas mehr Koriander dazugeben.

DHAL

Zutaten

80 g	Kichererbsen
1	kleine Petersilienwurzel
1	kleine rote Paprika
1	kleine Zwiebel
2	Knoblauchzehen
1	Stange Frühlingslauch
1	kleine scharfe grüne Chili
1	mittelgroße Gewürzgurke
2 EL	Erdnussöl
1/4 TL	Cuminsamen
1 TL	braune Senfsamen
1/2 TL	Koriander, gemahlen
1/4 TL	schwarzer Pfeffer, gemahlen
2	Pimentkörner, ganz
1/2	kleine Zimtstange
3	schwarze Kardamomkapseln, ganz
1/4 TL	Fenchelsamen
1	Lorbeerblatt
100 ml	Orangensaft
600 ml	Wasser
2	Zweige Thymian
1/2 TL	Kurkuma
Saft	von 1 Zitrone
1 EL	Sojasauce
1 TL	Zucker
1 TL	Ursalz
1 TL	Speisestärke
6	Zweige Koriandergrün
3	Zweige glatte Petersilie

KICHERERBSEN-DHAL

Kichererbsen über Nacht in reichlich Wasser einweichen, Petersilienwurzel schälen und in kleine Würfel schneiden. Paprika waschen, klein würfeln. Zwiebel, Knoblauch, Petersilie, Chili und Frühlingslauch sehr fein schneiden. Die Gewürzgurke fein würfeln, zur Seite stellen. Das Erdnussöl im Topf erhitzen, darin Cumin, Senfsamen, gemahlenen Koriander, Pfeffer, Piment, Zimt, Kardamom, Lorbeerblatt, Fenchelsamen und das klein geschnittene Gemüse anbraten. Mit Wasser und Orangensaft aufkochen. Nun Kichererbsen, Thymian, Kurkuma, Ursalz, Zitronensaft, Sojasauce und Zucker dazugeben. In 1 1/2 Stunden garen. Die Speisestärke in wenig Wasser anrühren und die Kichererbsen damit binden. Zum Schluss die Gewürzgurke und das klein geschnittene Koriandergrün sowie die klein geschnittene glatte Petersilie beifügen.

TIPP

Kichererbsen-Dhal – für Kapha und Pitta gut verträglich, Vata sollte etwas stärker salzen.

Reissuppen

Zutaten

Mungbohnen-Reis-Mischung

1	Teil Mungbohnen, geschält und poliert
4	Teile Basmatireis

Diese Mischung kann bei Bedarf in größerer Menge hergestellt werden.

Basisreissuppe

4 EL	Mungbohnen-Reis-Mischung
1/2 TL	Cuminsamen
1/2 TL	Koriander, gemahlen
1	kleines Stück Ingwer, gerieben
1 TL	Ursalz
1 1/4 l	Wasser

Zutaten

4 EL	Mungbohnen-Reis-Mischung (wie Grundrezept)
8	Stangen weißer Spargel
1/2	rote Paprika
1	kleine Karotte
1	kleine Zucchini
100 ml	Orangensaft
1 TL	Estragon, gefriergetrocknet
100 g	Kokospulver
1 1/4 l	Gemüsefond

Basisreissuppe (Peja)

Mungbohnen-Reis-Mischung gut 2- bis 3-mal waschen. Im Topf die Cuminsamen trocken leicht anrösten, dann das Wasser und die anderen Zutaten auffüllen, gut 40 Minuten kochen.

Spargelreissuppe

Reisgemisch gut waschen, Spargel, Karotte und Paprika schälen und in kleine Stücke schneiden. Die Zucchini waschen und ebenfalls klein schneiden. Alle Zutaten zusammen 40 Minuten köcheln lassen.

Tipp

Basisreissuppe – für alle drei Typen ausgleichend.

Tipp

Spargelreissuppe – für Vata und Pitta gut geeignet, Kapha sollte das Gericht bitte ohne Zucchini zubereiten.

Zutaten

4 EL	Mungbohnen-Reis-Mischung (wie Grundrezept)
1	kleine Zucchini
1	Stange Staudensellerie
1	kleine Karotte
1	kleine Petersilienwurzel
2	große Tomaten
100 ml	Apfelsaft
1 Msp.	schwarzer Pfeffer, gemahlen
1 EL	Basilikum, gefriergetrocknet
1 EL	alter Balsamicoessig
1 1/4 l	Gemüsefond
	Wasser zum Blanchieren

Italienische Reissuppe

Tomaten blanchieren, die Haut abziehen und wie das Gemüse in feine Würfel schneiden. Diese mit allen anderen Zutaten für 40 Minuten köcheln lassen.

Tipp

Italienische Reissuppe – für Vata und Pitta sehr gut verträglich, Kapha würzt mit etwas mehr Pfeffer.

Glossar

Adzukibohne | ist eine Pflanze, die zu den Hülsenfrüchten gehört. Sie wird vor allem in den Subtropen angebaut und ist leichter verdaulich als die in Mitteleuropa verbreitete Gartenbohne.

Ama | ist alles Unverdaute, ob Nahrung, Ärger oder Stress, das sich im Körper ansammelt und Ursache von Krankheiten ist.

Amaranth | gehört zu der Familie der Fuchsschwanzgewächse, die Samen sehen hirseähnlich aus. Sein Gehalt an Eiweiß und Mineralstoffen liegt weit über den üblichen Getreidesorten. Es ist glutenfrei und der Eisengehalt ist sehr hoch.

Asafoetida (Asant) | ist ein Harz mit starkem, knoblauchähnlichem Geschmack, verursacht jedoch nicht den typischen Geruch. Zu Paste oder Pulver verarbeitet ist es ein guter Ersatz für Knoblauch, sollte jedoch wie dieser nur wohldosiert eingesetzt werden. Seine verdauungsfördernden Eigenschaften machen es zum idealen Würzmittel bei Hülsenfrüchten und Kohlgerichten.

Ayurveda | ist das über 5000 Jahre alte Wissen vom Leben, die praktizierte indische Gesundheitslehre, die in den Veden niedergeschrieben wurde.

Berberitzen | gehören zu den artenreichsten Gehölzen der Welt. Fast alle Pflanzenteile sind giftig, nur die reifen Beeren sind zum Verzehr geeignet. Die Beeren haben einen hohen Vitamin-C-Gehalt und verfeinern mit ihrem fein säuerlichen Geschmack viele Speisen. Der Wirkstoff Berberin wirkt antiseptisch, beruhigt die Nerven und stärkt Herz und Kreislauf.

Champagnerlinsen | sind rotbraune Linsen aus der Champagne. Sie haben eine feine Konsistenz und lassen sich leicht und schnell zubereiten.

Chiliflocken | sind getrocknete und im Gesamten geschrotete Chilischoten. Das Gewürz gibt seinen sehr scharfen Geschmack beim Kochen nur langsam ab, deshalb Vorsicht beim Dosieren.

Coronabohnen | sind weiße Riesenbohnen.

Cumin | auch Kreuzkümmel genannt, macht schwer Verdauliches und Blähendes bekömmlich, harmonisiert alle drei Doshas und wirkt blutreinigend, entgiftend und krampflösend.

Doshas | sind die drei Vitalkräfte, die Körper, Geist und Seele steuern und die Konstitution des Menschen bestimmen.

Gegenmittellehre | kennt zu jedem Lebensmittel, das ein Dosha aus dem Gleichgewicht bringt, ein Gegenmittel, das die negative Wirkung wieder ausgleicht.

Ghee | oder Butterschmalz ist geklärte Butter. Durch Kochen der Butter verdampft das Restwasser, das Milcheiweiß gerinnt und wird durch Abschöpfen oder Filtern entfernt. Als ayurvedisches Heilmittel ist Ghee unverzichtbar für die Panchakarma Kur, es unterstützt den Körper bei der Entgiftung und hat entzündungshemmende Eigenschaften.

Gomasio | wird auch Sesamsalz genannt und ist eine Gewürzmischung aus gerösteten Sesamkörnern und Meersalz.

Gunas | sind die drei Eigenschaften, aus denen die Urmaterie und auch die Natur bestehen: die Trägheit Tamas, die Bewegung Rajas und die Harmonie Sattva.

Hijikialge | ist eine Braunalge aus Japan mit hohem Eisen- und Kalziumgehalt. Die Alginsäure unterstützt den Körper bei der Entgiftung von

Schwermetallen. Ihr Geschmack ist aromatisch und von leichter Süße.

Ingwer | ist die universale Medizin des Ayurveda. Er senkt den Cholesterinspiegel und beugt dem Herzinfarkt vor. Er regt die Verdauungskraft an, leitet Ama aus und wirkt stabilisierend auf den ganzen Organismus.

Kaki | oder Sharonfrucht ist die süße, orangefarbene, äußerlich einer großen Tomate ähnelnde Frucht des Kakibaums. Die Kakifrucht hat eine adstringierende Wirkung und besonders viel Beta-Carotin.

Kamut | ist eine alte Hartweizensorte und stammt vermutlich aus Ägypten. Die Körner sind doppelt so groß wie herkömmliche Weizenkörner und haben einen höheren Gehalt an Protein, Aminosäuren und Lipiden.

Kapha | ist das Strukturprinzip der drei Doshas.

Kardamom | fördert das Gedächtnis und gilt als Gehirntonikum. Die Pflanze aus der Familie der Ingwergewächse hilft gegen nervöse Verdauungsschwierigkeiten, kräftigt Herz und Kreislauf und neutralisiert die negative Wirkung vieler Nahrungsmittel wie Koffein und Milch.

Kumquats | sind mit den Zitruspflanzen eng verwandt, obwohl die Früchte wesentlich kleiner sind, sind sie in Aussehen und Geschmack der Orange ähnlich. Die Frucht wird meist mit Schale und Kernen verzehrt und schmeckt süß-sauer mit herben Nuancen.

Kurkuma | auch Gelbwurz genannt, wird aus einer Wurzel gewonnen. Das mildwürzige, leicht bittere gelbe Pulver ist ein wesentlicher Bestandteil von Curry. Ayurveda nutzt die Pflanze, die zur Familie der Ingwergewächse gehört, seit über 4 000 Jahren wegen ihrer reinigenden und energiespendenden Wirkung. Es regt den Gallenfluss an, heilt die Haut und wirkt antiallergisch.

Lassi | ist die Bezeichnung für ein vorwiegend indisches Joghurtgetränk, bestehend aus Wasser und stark säuerndem Joghurt zu gleichen Teilen. Es gibt süße Fruchtlassi, aber auch salzige und gewürzte Lassi. Man trinkt Lassi gern zu scharfen Speisen, da es – im Gegensatz zu anderen Getränken – durch den Fettgehalt die Schärfe des Essens nicht verstärkt und seine Verdaulichkeit erhöht.

Nishikireis | ist ein Rundkornreis, der in Japan und Korea angebaut wird und sich hervorragend für Sushi eignet.

Noriblätter | bestehen aus getrocknetem, gepresstem und abschließend geröstetem Seetang mit hohem Mineralstoffgehalt. Sie sind ideal zum Herstellen von Fingerfood wie Sushi.

Ojas | ist die Lebensenergie, die der Körper jeden Tag aus der Nahrung gewinnt.

Pippali | ist die indische Bezeichnung für den langen Pfeffer, lat. Piper longum. Die länglichen Früchte der Kletterpflanze sehen aus wie Ähren und haben in etwa die Länge eines Streichholzes, sind aber vier Mal so dick. Das Heilmittel ist ein vollwertiger Ersatz für Pfeffer, fördert die Verdauung, stärkt den Kreislauf, pflegt die Atemwege und reinigt die Shrotas.

Glossar

Pintobohnen | haben eine gefleckte Außenhaut, werden deshalb auch Wachtelbohnen genannt. Sie haben einen eher mehligen Charakter.

Pitahaya | wird auch als Drachenfrucht bezeichnet und gehört zu der Familie der Kakteengewächse. Das Fruchtfleisch schmeckt mild säuerlich und enthält viele Vitalstoffe.

Pitta | ist das Stoffwechselprinzip der drei Doshas.

Prakriti | ist die Urmaterie und formt die Anteile eines Menschen, die ihn unveränderlich ein Leben lang begleiten wie die Vorfahren, die Veranlagung und die Konstitution. Es beschreibt die ideale Konstellation der Doshas, ihren individuellen Soll-Zustand.

Prana | ist die universelle Lebensenergie oder Lebenskraft, die der Mensch auch über den Atem aufnimmt.

Quinoa | sind die Samen eines Fuchsschwanzgewächses und ein wohlschmeckender und glutenfreier Ersatz für Getreide und Reis. Es ist reich an Eiweiß und Mineralstoffen. Die Bitterstoffe werden vor der Zubereitung durch sorgfältiges Waschen mit heißem Wasser ausgeschwemmt.

Rajas | ist eines der drei Gunas und stellt das bewegte, dynamische Prinzip dar. Kampf, Ehrgeiz, Leidenschaft gehören zu seinen Ausdrucksformen. Im Übermaß wird es zu Aggression und Egoismus.

Rasas | sind die sechs Geschmacksrichtungen süß, sauer, salzig, scharf, bitter, herb/zusammenziehend und sollten alle in jeder Mahlzeit vorkommen.

Rauchsalz | ist ein durch Rauch aromatisiertes Meeressalz.

Sattva | ist eines der drei Gunas und steht für Ausgeglichenheit, Freude und geistige Klarheit.

Sharkara | ist Rohrzucker und wird auf traditionelle Art gewonnen, gereinigt, angereichert und dann in einem langsamen Prozess rekristallisiert. Durch diesen Vorgang erhält Sharkara eine feinstoffliche Energetisierung und Potenzierung. Er normalisiert das Verdauungsfeuer (Agni), stärkt die Tatkraft, Vitalität und reduziert Vata.

Shatavari | (Wilder Spargel) ist eine windende mehrjährige Pflanze mit ausgeprägten Rhizomen. In der ayurvedischen Medizin ist Shatavari die wichtigste Droge zur Behandlung bei Frauenleiden. Sie wird z. B. bei Unfruchtbarkeit, Menstruations- und Wechseljahresbeschwerden und zur Steigerung der Libido verwendet.

Schwarzer Rettich | wird auch Winterrettich genannt. Unter der schwarzen Schale liegt weißes Fruchtfleisch von überraschender Schärfe. Er pflegt das Verdauungssystem und die Atemorgane.

Senfkohl | wird auch als Pak Choi bezeichnet und ähnelt dem Chinakohl.

Senfsaat | ist die Bezeichnung für die Samenkörner des schwarzen, braunen und weißen Senfs, je dunkler desto schärfer. Die Samenkörner haben einen zart nussigen Geschmack, die scharfen ätherischen Öle werden erst durch Beimischung von Wasser und anderen Zutaten aktiviert und fördern die Verdauung.

Shoyu | ist eine hochwertige Sojasauce und nach traditionellem Rezept aus fermentierten Sojabohnen und geröstetem Getreide hergestellt.

Shrotas I sind alle feinen Kanäle im Organismus, die Blut- und Lymphgefäße und die Zellzwischenräume.

Sojanaise I ist eine vegetarische Mayonnaise, die keine Eier enthält.

Sojasauce I siehe Shoyu oder Tamari.

Tamari I ist eine hochwertige Sojasauce und nach traditionellem Rezept aus fermentierten Sojabohnen hergestellt.

Tamarillo I heißt die Baumtomate und gehört zu der Gattung der Nachtschattengewächse. Die Früchte sind eiförmig, das Fruchtfleisch schmeckt süßherb.

Tamarinden I sind die Hülsen des Tamarindenbaums und von Geschmack und Konsistenz der Rosine ähnlich. Der Geschmack von Tamarindensaft ist mild-säuerlich und frisch. Er erinnert an Zitronensaft, der den Tamarindensaft notfalls auch ersetzen kann.

Tamas I ist eines der drei Gunas und steht für Trägheit, Ignoranz, aber auch Schlaf.

Tapioka I ist eine Speisestärke, die aus der Maniokwurzel hergestellt wird. Der Geschmack ist neutral. Die Tapiokaperlen werden hauptsächlich für Süßspeisen verwendet.

Thermogetreide I ist ein gedarrtes, also mit Wärme vorbehandeltes, Getreide, das von den Verdauungsorganen leichter verarbeitet werden kann.

Trikatu I ist eine reinigende ayurvedische Gewürzmischung. Es beinhaltet die Früchte des schwarzen Pfeffers, des langen Pfeffers und der Ingwerwurzel zu gleichen Teilen. Diese scharfe Gewürzmischung soll das Agni anheizen und die Shrotas reinigen.

Ursalz I entspricht genau den 84 Elementen des menschlichen Körpers und ist deshalb ein optimaler und gesundheitsfördernder Mineralstofflieferant (In Naturkostläden erhältlich).

Vata I ist das Bewegungsprinzip der drei Doshas.

Vata-Churna I ist eine Gewürzmischung, meist mit Kreuzkümmel, Gelbwurz und Ingwer, die das Dosha Vata beruhigt und erst am Tisch individuell über eine Speise gegeben wird.

Veden I sind die Urschriften der Welt, die aus der alten Induskultur stammen und die Grundlage der Philosophie enthalten. Darunter befinden sich auch die ayurvedischen Schriften, die mit einer umfassenden Systematik die komplette Medizin darstellen und sich mit den körperlichen Aspekten des Menschen beschäftigen.

Vikriti I beschreibt die Abweichung der Doshas von ihrem individuell ausgeglichenen Urzustand, wenn die Konstitution aus dem Gleichgewicht geraten ist.

Register

Register

Ein Ausblick auf die Gesundheit – Ayurvedakuren im Parkschlösschen

Ein gesunder Mensch, der mit sich selbst im Gleichklang und dessen Dosha-Konstitution ausgewogen ist, entscheidet sich intuitiv für das Richtige, für das, was ihm gut tut. Wer aber den Kontakt zu sich selbst verloren hat, der neigt dazu, in seinen Entscheidungen fehlzugehen. Eine Vielzahl an falschen Entscheidungen wird im Ayurveda als die letztendliche Ursache für Krankheit betrachtet.

Viele Beschwerden und Befindlichkeitsstörungen, die sich durch kleine Fehler wie gelegentliches falsches Essen oder falsche Lebensweise eingeschlichen haben, lassen sich durch eine richtige Auswahl an Nahrungsmitteln und eine Änderung der Lebensweise wieder ausgleichen oder beheben. Doch wenn die Dosha-Konstitution eines Menschen in die dauerhafte Störung Vikriti abgeglitten ist und eine Erkrankung die Folge ist, gibt erst eine Kur die Grundlage für die Heilung. Als Zäsur auf allen Ebenen leitet sie die angesammelten Schlacken und Gifte aus, reinigt die Sinne und unterstützt das Ablegen schlechter Angewohnheiten.

In geistiger Klarheit, mit körperlicher Hochform und voller Lebensfreude kann der Mensch danach wieder im Einklang mit sich und seiner Umwelt leben. Die nachfolgenden Ayurveda-Programme geben einen Überblick über die verschiedenen Wege, dieses Ziel zu erreichen.

Die Königskur: Panchakarma

Schon vor Tausenden Jahren empfahl die Lehre des Ayurveda den Menschen, die regelmäßige Entgiftung als beste Gesundheitsvorsorge, da die Anforderungen des täglichen Lebens sich im gesamten Körper-Geist-System des Menschen ablagern. Um wie viel mehr muss dies heute der Fall sein, wo Rastlosigkeit, eine Flut an Reizen und eine hohe chemische Belastung der Umwelt selbst dem Gesunden zu schaffen machen.

Bei der Entgiftung, der Panchakarma Kur, werden Toxine und Schlackenstoffe ausgeleitet. Speziell für das Ausleiten der langfristig im Gewebe eingelagerten fettlöslichen Toxine braucht der Körper Zeit und aktive Unterstützung: Medizinierte Öle werden zur inneren und äußeren Reinigung eingesetzt, Massagen lösen die Toxine und aktivieren den Stoffwechsel zu Höchstleistungen, Wärme fördert die Ausleitung.

Bei diesem tief greifenden Prozess werden alle inneren Kommunikationswege wieder frei und durchgängig gemacht und selbst die feinsten Kanäle im Organismus gereinigt, die Shrotas, die alle Blut- und Lymphgefäße und die Zellzwischenräume umfassen. Unterstützt durch die heilsame Umgebung, den natürlichen Tagesrhythmus, die Natur und sanftes Yoga gleiten Körper, Geist und Seele wieder in ihr natürliches Gleichgewicht zurück.

Da nach der Gesundheit meist die Zeit das kostbarste Gut ist, lässt sich die Länge der Panchakarma Kur individuell bestimmen, zehn Tage sind jedoch ein Mindestmaß, das der Körper für seine erfolgreiche Regeneration benötigt.

Ayurvedisch Abnehmen

Bei diesem Programm liegt der Schwerpunkt in der Kombination von Entgiftung und Bewegung. Wohltuende Öl-Synchronmassagen unterstützen den Körper beim Loslassen von Ballast. Ein intensives Körpertraining regt den Stoffwechsel an und hilft, überschüssiges Fett zu verbrennen. Die vegetarische Gourmetküche fördert nicht nur die Reduktion des Gewichts, sondern verwöhnt alle Sinne und motiviert, auch zuhause der Ayurveda-Küche treu zu bleiben. Die Umstellung der Ernährungs- und Bewegungsgewohnheiten sichert den bleibenden Erfolg.

Das Anti-Stress-Programm

Besonders intensive Stressreduktion und hohen Regenerationswert erreicht das Anti-Stress-Programm mit harmonisierenden Ganzkörper-Öl-Synchron-Massagen und einer milden vitalisierenden Reinigung des Verdauungstrakts. Mit freiem Kopf und neuer Energie kann man den Anforderungen des Alltags wieder gelassen gegenübertreten.

Yoga & Ayurveda-Programm

Innere Ruhe und Balance, mehr Beweglichkeit, Spannkraft und Vitalität – das ist das Ergebnis dieses individuellen Programms. In intensiven Personaltrainings erarbeiten Sie mit unseren Yoga-Lehrern ein speziell auf Ihre Bedürfnisse abgestimmtes Yoga-Übungsset für Zuhause und praktizieren zusätzlich zweimal täglich Yoga-Asanas in der Gruppe. In Verbindung mit reinigenden und harmonisierenden Öl-Massagen garantiert dieses Programm nachhaltige Gesundheit und neue Lebensfreude.

Der Alltagsbreak

Wenn die Zwischenräume im Terminkalender keine Pausen mehr sind, ist es an der Zeit, auf die Bremse zu treten. Ein Alltagsbreak sorgt für gesunden Abstand und unverstellten Blick, Synchron-Öl-Massagen und der Stirnguss harmonisieren das Nervensystem und reizüberflutete Sinne. Ruhe kehrt ein und damit auch die Leichtigkeit des Seins.

Leichter, glücklicher, gesünder. Die authentische ayurvedische Heilkunst für Zuhause

Geich zwei hochkarätige Auszeichnungen schmücken das 5-Sterne Ayurveda Parkschlösschen in Traben-Trarbach zu seinem zwanzigjährigen Jubiläum und bestätigen damit das ganzheitliche Konzept des Hauses, welches die traditionelle Heilkunst des Ayurveda bereits seit 1993 mit Herz und Hingabe, mit Wissen und Weisheit authentisch und konsequent umsetzt.

Dieses Buch ist ein Kompendium 20-jähriger Erfahrung des internationalen Parkschlösschen-Teams. Gespeist aus dem Wissen seiner Spezialisten erläutert es auf übersichtliche und verständliche Art und Weise das älteste Gesundheitssystem der Welt und seine Anwendung in vielen Lebensbereichen. Dabei ist es auch eine ideale Hilfe als Vorbereitung vor und Unterstützung nach einer Ayurveda-Kur. Ausführliche Praxisteile zu jedem Kapitel, Ernährungslisten zur Energetik der wichtigsten Nahrungsmittel, die Anleitung zur typischen ayurvedischen Tagesroutine und typgerechte Yoga-Übungen ebnen Wege zur Veränderung. Eine umfangreiche ayurvedische Hausapotheke, eine Erste Hilfe bei Ernährungssünden und eine Bewegungsapotheke dienen der Selbsthilfe bei kleineren Befindlichkeitsstörungen.

Das Buch ist in unserem Onlineshop bestellbar.
Besuchen Sie uns im Internet unter: www.parkschloesschen.de

Herausgeber
Ayurveda Parkschlösschen

Rezepte
Eckhard Fischer, Traben-Trarbach

Texte
Carmen Nehm, Antdorf

Fotografie
Lutz Jäkel, Hamburg, außer S. 8, S. 15 (T. Lemmler, Parkschlösschen); S. 28 (Irisblende.de); S. 30 (Laurent Dambies/fotolia).

Umschlagfotografie
Vorderseite Lutz Jäkel, Hamburg | Rückseite Ayurveda Parkschlösschen

Foodstylistin
Anja Mönnich, Hamburg

Lektorat
Ayurveda Parkschlösschen

Gestaltung und Satz
Büro Lemmler | Visuelle Kommunikation, www.thomaslemmler.com

Druck und Verarbeitung
Offsetdruck Knopp, Wittlich

Printed in Germany
ISBN: 978-3-86528-639-0

Die Ratschläge in diesem Buch sind von der Autorin und dem Verlag sorgfältig erwogen und geprüft, dennoch kann eine Garantie nicht übernommen werden. Eine Haftung der Autoren und des Verlages für Personen-, Sach- und Vermögensschäden ist ausgeschlossen. Die Rezepte sind üblicherweise für 4 Personen ausgerichtet, soweit nicht anders vermerkt.

Besuchen Sie uns im Internet: www.parkschloesschen.de, www.ayurveda-parkschloesschenblog.de